U0607620

上善若水
水品育人

——小学美术教育教学探索

张嘉敏◎著

中国出版集团　　现代出版社

图书在版编目（CIP）数据

上善若水 水品育人：小学美术教育教学探索 / 张
嘉敏著. — 北京：现代出版社，2020.9

ISBN 978-7-5143-8877-0

Ⅰ.①上… Ⅱ.①张… Ⅲ.①美术课—教学研究—小
学 Ⅳ.①G623.752

中国版本图书馆CIP数据核字（2020）第184340号

上善若水 水品育人：小学美术教育教学探索

作　　者　张嘉敏
责任编辑　袁　涛
出版发行　现代出版社
地　　址　北京市安定门外安华里504号
邮政编码　100011
电　　话　010-64267325　64245264
网　　址　www.1980xd.com
电子邮箱　xiandai@cnpitc.com.cn
印　　制　北京政采印刷服务有限公司
开　　本　710mm×1000mm　1/16
印　　张　13
字　　数　234千
版　　次　2022年6月第1版　2022年6月第1次印刷
书　　号　ISBN 978-7-5143-8877-0
定　　价　45.00元

序 言

　　"上善若水，水品育人"是张嘉敏老师的教学追求。她是广州市从化区流溪小学的一位普通美术教师，她在这所学校从教21年，近5年她主持了广东省教育科研"十三五"规划强师重点项目课题"名师工作室促进小学美术教师专业成长的实施和策略"、广东省教育科研"十二五"规划强师项目一般课题"在小学美术课堂中提高农村学生水墨画素养的研究"、广州市教学成果培育项目"在小学美术课堂中提高农村学生水墨画素养的研究"；曾被评为广东省优秀少先队辅导员、广州市基础教育第四批名教师、广州市十佳辅导员、广州市书香家庭和文明家庭、从化市教坛新秀、从化市十佳辅导员。这些成绩来源于她与时俱进，契合学校"博·善"教育，秉承"上善若水，泽万物而不相争；流溪致远，唯广博方可兴达"这一办学理念，她的课堂教学彰显个人的教学风格——游戏激趣、示范导学、创新思维，不断提高教学效果和学生的学习效率。

　　张嘉敏老师的美术课堂处处彰显着她的"上善若水，水品育人"的教学理念。她坚持"以生为本"，以先进的教育思想、新教学理念为指导，运用灵活多变的教学手段和多媒体辅助教学，引导学生发现问题、提出问题，以自主、合作、探究等方式解决问题，获得新知。创设情境以美辅德、以美增智、以美塑情、以美促健，让学生感受美、欣赏美、创造美，使学生在审美中成长、在成长中审美，在潜移默化中丰富思想、陶冶心灵，培养学生向真、向善、向美的良好品格和人生境界，引导学生树立正确的世界观、人生观和价值观。张老师的课堂充满了生气与愉悦，学生在玩中学、在学中玩，在愉悦的课堂氛围中激发了学生自主、合作、探究学习和创新思维，提高了学生的图像识读能力、美术表现能力、审美判断能力、创意实践能力、文化理解能力，培养了学生的问题意识和解决问题的能力。

　　"上善若水，水品育人"的美术教育教学理念"随风潜入夜，润物细无声"地滋养着学生，促进学生全面、持续、和谐的发展。

房尚昆

中国美术家协会会员

教育部首批"国培计划"美术学科专家

教育部普通高中课程标准修订审议专家

2020年8月

前 言
FOREWORD

2014年教育部印发的《关于全面深化课程改革　落实立德树人根本任务的意见》中，首次提出"核心素养体系"概念。教育部将核心素养定义为：学生在接受相应学段的教育过程中，逐步形成的适应个人终身发展和社会发展需要的必备品格和关键能力。2016年12月，习近平总书记在全国高校思想政治工作会议上强调，要加强师德师风建设，坚持教书和育人相统一，坚持言传和身教相统一，坚持潜心问道和关注社会相统一，坚持学术自由和学术规范相统一，引导广大教师以德立身、以德立学、以德施教。美育要高度重视思想和价值观的培育，以美育人，以文化人，立德树人，坚定文化自信，增强文化自觉，把社会主义核心价值观融入学校美育的各方面、各环节。

《义务教育美术课程标准（2011年版）》提出：以社会主义核心价值体系为导向，弘扬优秀的中华文化。新课标要求教师引导学生在广泛的文化情境中认识美术，引领学生参与文化的传承和交流。水墨画是具有悠久历史的中国民族绘画，是我国民族文化的瑰宝，现已形成了融合整个中华民族独特的文化素养、审美意识、思维方式、思想哲学观念的完整艺术体系。水墨画是随机而成的，随机体现出创新。小学生性格天真活泼，有着独特的感受能力，形象思维、空间概念和想象力都十分奇特，根据小学生的年龄特点，水墨画非常适合小学美术课堂教学。

笔者所任教的学校提倡"博·善"教育，秉承"上善若水，泽万物而不相争；流溪致远，唯广博方可兴达"的办学理念，以"上善若水，博以兴达"为校训；而在学校以"博·善"引领"水品育人"的教育理念下，以水墨画为载体，让学生学习我国的优秀传统文化，把水墨画融入日常的美术课堂教学中，把人文教育和美术教育紧密结合起来。教师运用欣赏、临摹、创作等各种教学形式，让学生理解水墨画的特性，掌握水墨画的表现技法，借助水墨画有感而发、有意而为的自主性创造，尽情挥洒笔墨情，从中享受笔墨的乐趣。在学生学习水墨画的过程中，教师结合具体内容，加强德育的针对性、实效性和主动性，对学生进行爱国主义、集体主义和社会主义教育，加强中华民族优良传统、思想品质和道德教育。通过开展有关水墨画各种美术活动，为学生提供更多、更系统的关于"真""善""美"的信息，以美辅德，以美增智，以美塑情，以美促健，让学生感受美、欣赏美、创造美，在潜移默化中丰富思想、陶冶心灵，培养学生向真、向善、向美的良好品格和人生境界，引导学生树立正确的世界观、人生观和价值观。倡导科学精神、科学态度和科学方法，引导学生创新与实践，从而提高学生的图像识读能力、美术表现能力、审美判断能力、创意实践能力、文化理解能力等核心素养和教师的艺术修养。

水墨画教学在学校"水品育人"的教育理念引领下，营造学校的美术特色教学艺术氛围，不仅促进了学校内涵的发展，而且丰富了校园文化建设，成为学校的一个品牌活动。其对树立学校的教育品牌，提升学校的特色和品位，宣传学校的影响力和美誉度，都具有非常重要的意义。

本书分四章阐述了笔者的"上善若水，水品育人"的教学追求。

第一章为教学风格。笔者从教21年，她的课堂充满了愉悦与生气，引领学生在玩中学、在学中玩；学生在愉悦的课堂氛围中思维特别活跃，作品新颖、有个性、有创意，总是让人惊喜！笔者根据多年的教学经验，凝练了个人教学风格的《游戏激趣　示范导学　创新思维》收录于《如何形成教学风格——名师典型案例的多维解读·小学卷之三》（广东高等教育出版社，ISBN 978-7-5361-5524-4）。

第二章为教学成果。成长=经验+反思。笔者在实践中反思，在反思中总结，结下丰硕果实。此书是2019年4月广东省教育科研"十三五"规划强师重点项目课题"名师工作室促进小学美术教师专业成长的实施和策略"的研究成果（课题编号：2019ZQJK006），是2015年4月广东省教育科研"十二五"规划强师项目一般课题"在小学美术课堂中提高农村学生水墨画素养的研究"的研究成果（课题编号：2014YQJK044），是2019年10月广州市教学成果培育项目"在小学美术课堂中提高农村学生水墨画素养的研究"的研究成果（项目编号：201982297）。其研究成果有调查报告、研究报告、行动案例研究与论文等，在此跟读者分享。

第三章为教学随笔。《国家基础教育课程改革纲要（试行）》指出："教师在教学过程中应与学生积极互动、共同发展，要处理好传授知识与培养能力的关系，注重培养学生的独立性和自主性，引导学生质疑、调查、探索，在实践中学习，促进学生在教师指导下主动地、富有个性地学习。"在新时代的教育环境下，笔者作为一线美术教师中担当民族复兴大任的时代新人，坚持做好学校美育工作，坚持以先进的教育思想、新教学理念为指导，根据知识的重点、难点、关键点和新旧知识的契合点，创设游戏、语言、问题、探究、故事等情境，在浓厚的课堂氛围中，和学生们一起观察、思考、讨论、感受，从富于情趣性、生活性的情境中感受学习内容；在课堂中培养学生的思维能力，把学习变得灵动、情景化，调动学生的积极性和学习兴趣，引导学生不断发现问题、提出问题、研究问题、解决问题；让学生以自主探究、合作学习等多种学习方法愉悦地参与美术学习活动，享受学习美术知识的快乐，激发学生的主动学习兴趣与思考，激起学生自主探索的求知欲，从而使学生始终处于积极主动的学习状态。

笔者的美术课堂总处于一种流变状态，把学生置于教学的出发点和归宿，应学生而动，应情境而变，课堂焕发出勃勃生机，显现出真正的活力。笔者以美育人，以文化人，立德树人，坚定文化自信，增强文化自觉，把社会主义核心价值观融入美术课堂教学，在审美中育人，在育人中审美，使学生在审美中成长，在成长中审美；培养学生向真、向善、向美的"博·善"品格和人生境界；促进学生全面、持续、和谐发展，引导学生健康成长。

第四章为教学设计与教学反思。师生的成长离不开教师课前的精心设计和课堂掷地有声的落实。课堂是教学问题解决的源泉，是教学理论产生的故乡，是教师专业成长的土地，是学校品位提升的阶梯。立足课堂，走向成长之路。《核心素养大家谈》指出：教师在现实情境中引导学生去发现问题，明确任务，以自主、合作、探究等方式去获取知识技能，将知识技能加以运用来解决问题、完成任务。笔者的美术课堂教学"以生为本"，学生是学习的主体，教师是教学的引导者，教师运用灵活多变的教学手段和多媒体辅助教学，在现实情境中引导学生去发现问题、提出问题，以自主、合作、探究等方法去获取知识技能，将知识技能加以运用来解决问题、获得新知，提高了课堂教学的有效性，培养了学生的问题意识和解决问题的能力，为其将来的发展奠定了基础。

编 者

目 录
CONTENTS

第一章 教学风格

第二章 教学成果

第三章　教学随笔

第四章　教学设计与教学反思

第一章

教学风格

游戏激趣　示范导学　创新思维

——我的教学风格解读

　　"游戏激趣"是指利用游戏形式提高学生学习的兴趣，为讲授新课做铺垫，使学生加深对新知识的理解，促进知识的迁移，从而提高美术课堂教学质量。在美术教学过程中，我充分利用游戏形式让学生有更多的体验，将游戏贯穿活动的始终。从启发入手，开展趣味性游戏活动，在游戏中激发学生参与活动的热情。学生的学习热情在游戏中尽情地发挥出来，不知不觉地在游戏中学习新知识，并在游戏中完成作业。这样有效地提高了学生的学习热情，达到了教学的有效性。

　　"示范导学"是传统美术教学中最常见的一种方式，在教育改革背景下也占有极其重要的地位。教师示范是美术课堂教学中最直接、最具体、最直观的教学方法，也是美术课堂教学中不可或缺的一环。示范导学的方法是灵活多样的，巧妙的示范教学是美术课堂的催化剂，不仅可以激发学生的学习兴趣，还可以让学生由此及彼，触类旁通，举一反三，扩散思维，进而提高学生的综合素质，让学生养成观察美、塑造美、表现美的习惯。同时，示范教学也是美术课堂一道亮丽的风景线。它不仅展示了教师独具智慧的专业学识，受到学生的喜爱，也让美术误堂充满生命的活力，提高课堂教学质量。在教学中，我通过适时适度的课堂教学示范，让学生在欣赏、观察、思考中较好地掌握绘画技巧，增强美术课堂教学的实效性，以达到优化课堂结构、增强课堂凝聚力、提高学习效率的效果。

　　创造性是艺术教育的生命所在，是艺术教育的真谛，培养学生的创新思维是当前中小学艺术教育改革的主要环节。创新思维能使学生更顺利地解决他们遇到的新问题，更深入地掌握知识，并把这些知识广泛地迁移到学习新知识的过程中，使学习活动更轻松、更顺利。因此，培养学生的创新能力，离不开教师和学生的相互配合。这就要求教师首先要更新观念，做好教学的每个环节，精心设计课程，创造自由、宽松的教学环境，从而激发学生的学习兴趣。如我的美术课堂，结合学校"上善若水，博以兴达"的教学理念，以人为本，通过游戏激趣、示范导学等教学方法，使学生在愉快的游戏氛围中感受、体验学习的乐趣，在较为轻松愉快又适度兴奋的环境中闪现出最珍贵的想象、思维、灵感与顿悟等创造性思维的火花，并通过具体操作物化成新颖产品，从而培养出具有创新意识、创新精神、创造能力的下一代。

艺术之路风雨无阻

——我的成长历程

一、艺术之路上羞涩成长

刚跨出校门，带着羞涩和雄心壮志的我，被分配到从化流溪小学，成为一名人民教师。初到流小，从学生一下转变为教育工作者，感到很不适应和陌生。自己一个人住在宿舍里，左邻右舍都不熟识，让我充满孤独感。在广州读书五年，全校都是女孩子，大家无拘无束。可到了这里，环境一下子变了，接触到不同年龄、不同类型的人，有点不习惯。

初登教学岗位的我，认为只要认真备好课、上好课，主动听前辈们的课，向他们请教、学习，就一定能教好学生。可事实并非如我所想。做学生时，经常写生的我，很少接触儿童线条画，可到小学后，画的都是简单的线条画，因而不太习惯，教学效果可想而知。于是在课余时间和备课时，我常画一些范画、线条画，还帮班主任画板报，慢慢地对画线条画就熟练了。同时，我认真研读教材，备好每一节课。

记得第一次教育局的周老师来听我的课，我的自我感觉不是很好，但周老师鼓励我说："你准备得很充分，范画画得很大，效果好，学生兴趣浓，但比较平淡，一节课里没有亮点。"我有点不明白，平时听其他同事的课不都是这样上的吗？怎么我这样上就不好了呢？后来到广州听比赛课，令我受益匪浅，并归纳了几点教学策略：一是老师亲切的语言，和蔼的笑容；二是和谐的学习氛围；三是紧凑的教学环节；四是突出重点，有亮点，在教中学，在学中乐。我终于开窍了。于是我又认真学习新教材、新课标，每一节课的重点、难点、知识点，我都钻研透彻，一一做好笔记。之后上课的时候，我利用游戏或谜语等教学手段导入，感觉课堂的气氛活跃了，学生们的学习兴趣浓了，画出来的作品也漂亮多了！

二、艺术之路上茁壮成长

在工作之余，我不忘学习，自我增值。平时我订阅美术教学书刊，阅读儿童心理学书籍，积极参加各级部门组织的教研活动，争取听课和评课的机会。在教学中实践，在实践中不断总结经验。慢慢地，我积累了丰厚的教学经验，教研水平也得到了提高。低、中、高年级的教材我都熟悉了，上起课来得心应手，和同事们相处得也非常融洽，做任何事都信心十足，敢于大胆创新，得到了同事和领导们的赞赏，这大大增强了我的自信心。

机遇是人人都有的，但机会是靠自己争取的。2003年，我申报的课题"小学美术开放式教学的研究"批准立项。经过一年的认真研究、反思、总结，2004年，结合我个人的课题研究成果，在学校的大力支持下，我大胆报名参加了从化区的优质课比赛，上了二年级的"快乐的小动物"一课。这节课打破了传统的室内教学，实现开放性教学，带领学生走向有小草、小树、小动物的大自然，为本课创设了情境，使学生感到身临其境，好像在动物园里一样。在大自然里，同学们兴趣浓郁，积极参与课堂。整节课氛围非常好，得到听课老师的好评。

有了这次经验，接下来，2005年我参加了从化区青年美术教师基本功比赛，获得了一等奖，并代表从化区参加广州市的半决赛，因晕车导致比赛时精神状态不佳，只获得了三等奖；2006年我上了美术与信息技术整合课"动物的花衣裳"，这节课得到同行和领导的赞赏，教学录像课例获从化区二等奖；"信息技术与美术课程整合的初探"教学案例获从化区一等奖。

三、艺术之路上顽强成长

三年的幼师学习生活让我学到了很多知识，我以为来了小学，幼师的专业知识就无法发挥了，事实证明并非如此。学校搞活动，年级里学生表演，舞蹈队的排练、鼓号队的训练等，我能画、能唱、能跳、能弹的"三脚猫"功夫也都派上了用场，并发挥了巨大的作用。我参加从化区的小品比赛，获得二等奖；排练的舞蹈《春天的故事》，在从化区新世纪广场联欢晚会上表演；自编的《毛主席话儿记心上》舞蹈，在团员联欢文艺活动中表演；参加学校组织的从化区教师舞蹈比赛，获得一等奖。各种各样的舞台让我大显身手，展现自我，不断开阔了视野，提升了自身价值。

1998年刚毕业的我，就面临一次大型的鼓号队比赛。学校要我一个人训练花束队，配合鼓号队的节奏创作花束队的动作与队形。对我来说这并不难，很快我就把乐曲、动作、队形排好了，鼓号队训练得非常出色。那一届鼓号队检阅，流溪小学获得了从化区一等奖。2006年，学校再一次安排我协助鼓号队训练，也取得了成功。2007年，学校安排我全面负责少先队大队辅导员工作，工作上有了更大的挑战。为了参加2008年从化区鼓号队检阅比赛，我从2007年起便开始选队员、训练乐曲，用了整整一年时间，训练出了一支优秀的鼓号队。此外，我还通过上网收集资料，不断学习，然后自己设计花样，安排乐曲和队伍的变动穿插，写解说词，等等。最终在2008年的比赛中，流溪小学获得了一等奖。

行政工作之余，我并没有放弃对美术专业的热爱。

2007年5月，我上了一节家校课"送给爸爸妈妈的礼物"。这节课是在母亲节、父亲节即将来临之际上的。我把学生的爸爸或妈妈请来，让学生们直接表达自己对父母的关怀与爱，培养学生尊敬父母、关心他人的美德，让学生感知节日的意义，感谢父母的养育之恩。"送给爸爸妈妈的礼物"录像课例参加广州市第四届中小学美术优秀录像课，在优秀案例评比活动中荣获二等奖，教学案例在小学组比赛中荣获二等奖。

2010年，机会再一次出现在我面前。我报名参加了广州市第五届中小学美术优秀录像课、有效教学案例评比活动，在从化区林场小学异地教学的初选中，我选讲了"手套、袜子的妙用"一课。这节课紧扣学生的生活经验和兴趣点，通过玩一玩、赏一赏、说一说、想一想和做一做等游戏活动，激发学生参与造型设计活动的兴趣，启迪他们发现身边的素材，感受材料的特性及其与设计的关系。在课程的实施过程中，我巧妙地创设有趣的游戏情境，激发学生的兴趣，引导学生巧用心思，运用填、剪、扎、画和组合方法去制作有趣的动物玩具，让学生真正体会到化废旧为神奇的力量，还利用制作的玩具表演趣味游戏和课本剧，充分体验设计制作活动的乐趣。这节课得到同行的一致好评，荣获从化区优质课例一等奖，并选送录像课例到广州市参评，教学录像课例与教学案例反思均获得二等奖。

2011年9月，做了五年少先队大队辅导员的我，根据学校的工作安排，开始担任妇委主任及团委书记，并辅助少先队大队辅导员工作。

2012年，我有幸参加了广州市骨干教师的培训。一年的培训，课程安排丰富、充实、高效，让我受益匪浅！既有实地考察交流学习，又有专业知识的训练，如人体素描、静物色彩写生、人物国画、陶艺等。每一次上课，我都非常认真，做好笔记，与同行的美术老师一起画画、交流学习。专业的培训唤醒了我的艺术细胞，触动着我的每一条神经。就像久旱的花朵遇甘露一样，美美地享受着整个培训过程。培训是短暂的，但知识却是永久的。

2013年，由于自身的原因，在学校领导的批准下，我辞去了行政职务，全身心投入到了三尺讲台。2013学年至2014学年连续两年，我代表科组上了校级公开课。愉悦、轻松的课堂氛围，学生们漂亮的美术作品，感染着每一位听课的老师。

同时，我也开始了个人的艺术之路。2013年，我的国画作品《春暖花开》在广州市美术馆展出；2014年，国画作品《国色天香》入选从化区首届女画家作品，在从化区博物馆展出；2014年12月，国画作品《春》参加从化增城巡回展。

社会在不断进步，每个人都要与时俱进，我也通过参加各项培训及自我学习，不断成长，突破自我。只有这样，才能切实地提高自己的教育教学水平和理论水平，不断地提高美术教育专业素养，形成自己独特的教学风格。

情趣、互动、高效："手套、袜子的妙用"教学案例与反思

——我的课堂实录

教材：

义务教育课程标准实验教科书一年级下册《手套、袜子的妙用》，岭南美术出版社出版。

背景介绍：

本课的教学设计，我力求从学生的兴趣入手，因为兴趣是创造的先导，有兴趣才能激发积极的想象，进而升华为创造性的思维和实践。再通过多样的教学形式来刺激潜藏在每一位学生心灵中创造和探索的欲望，以培养创造力为中心，为学生营造一种轻松、愉悦的气氛，鼓励学生自由地去想象、创造，放飞想象的翅膀。

本案例使用义务教育课程标准实验教科书。针对一年级学生的年龄特征和心理特点，我运用多种手段，引导学生巧用心思，运用填、剪、扎、画和组合方法去制作有趣的动物玩具，激发学生参与造型设计活动的兴趣，从而使学生在动脑、动手的过程中充分享受成功的快乐，并通过对手套、袜子的研究，了解手套、袜子的妙用。

课题分析：

本课题紧扣学生的生活经验和兴趣点，旨在通过玩一玩、赏一赏、说一说、想一想和做一做等游戏活动，激发学生参与造型设计活动的兴趣，启迪他

们发现身边的素材，感受材料的特性及其与设计的关系。手套、袜子、纽扣和丝线、木糠等都是孩子身边易得的素材。在课程教学的实施过程中，教师善于创设有趣的游戏情境，激发学生的兴趣，引导学生制作出有趣的动物玩具，并利用制作的玩具表演趣味游戏和课本剧，充分体验设计制作活动的乐趣。

教学分析：

儿童天性就喜欢玩具，玩具在他们的生活中扮演着重要的角色。一年级的学生好奇心非常强，什么东西都想动一动、摸一摸。这节课让孩子们自己动手，运用填、剪、扎、画和组合方法去制作有趣的玩具。自己动手制作玩具一方面可以节省金钱，另一方面可以发挥想象力和创造力。

教学要点概述：

教学内容：《手套、袜子的妙用》。

教学对象：禾仓小学一年级学生（异地教学）。

教学目标：

（1）知识与技能：以手套、袜子为主材料，结合纽扣、丝线和布料等，尝试运用填、剪、扎、画等方法进行造型；学习选材及搭配色彩，感受上述材料的特性及其与设计的关系。

（2）过程与方法：以表演的方式，观察和触摸由各种材料制作的玩具，进行感官体验，并做简单的组合造型；在造型游戏中，进行大胆的想象和创新。

（3）情感态度与价值观：积极主动地参与学习活动，能开心地与同学交流、合作、探究；通过评价和游戏表演活动，与同学分享成功的喜悦。

操作领域：展开想象的翅膀，用各种废旧袜子和手套材料来制作玩具。

重点：激发学生对意象立体造型游戏的兴趣，感受材料的特性。

难点：选材构思方法及搭配颜色。

教、学具准备：

教学课件、袜子和手套制作的实物作品与相关资料及图片、手套、袜子、木糠、油性笔、橡皮筋、大头钉、装饰的彩带等。

教学方法：

激趣、欣赏、观察、探索、讨论。

教学过程：

（一）创设情境，引发思维，激发兴趣

（1）《巴布熊猫》动漫影片的片头引入。

师问："同学们，你们喜欢看动画片吗？今天，老师给同学们带来了《巴布熊猫》影片，想不想看？我们看的时候注意观察巴布熊猫，看看它是什么样子的，用什么材料做的。"（观看《巴布熊猫》影片，学生们看到形象不同的可爱的熊猫都兴奋不已、惊叹不已，浓厚的学习兴趣一下子就被调动起来了，都想做一个可爱、好玩的玩具）

（2）欣赏、学习手套和袜子制作的作品，看看手套和袜子可以制作成什么？颜色是怎样搭配的？还用了哪些东西装饰？（教师出示课件：赏析与讨论，学生自主探究）

① 手套和袜子可以制作成什么？用了哪些东西装饰呢？

② 你还发现了什么？

生1：可以做兔子，它头上有一个蝴蝶结装饰，很美！

师：你观察得真仔细！

生2：小熊。眼睛、鼻子都用纽扣来做。

师：真棒！这都被你看到了，你看得真认真！

（二）直观感受，分析讨论，加深印象

课前用废旧的手套和袜子制作各种各样的玩具，摆在中央的桌子上，营造一种氛围，让学生仿佛置身于一个琳琅满目的玩具的世界。在接触这些可爱展品的瞬间，学生所看到的、感受到的和体悟到的会在其头脑中留下深刻的印象，学生表现出了惊异的表情、姿态、动作，他们的思维一下子便活跃起来。

师问："我看了这些小动物之后，很有感触，也用袜子制作了一些玩具，同学们想不想看看？"

儿童天性就喜欢玩具，玩具在他们的生活中扮演着重要的角色。欣赏不同种类的玩具，可以提高学生的制作兴趣，启发多元化思维。这些玩具造型夸张、简洁，色彩鲜艳，使学生对袜子和手套的特殊用处有了全面、全新的感受。通过"欣赏"这种最直接的方式，他们的这种感受更加深刻入微了。

（三）自主探索，活跃思维，大胆创造

（1）教师实物投影展示制作步骤，学生自主探索、讨论制作步骤。（自主探究，发散思维）

（2）学生汇报制作方法，并与教师合作演示制作过程，教师一边完善，一边总结制作方法。（教师以一小动物的造型，结合袜子的外形进行想象、变形、制作）

① 构思形象。（想好做什么，用什么颜色的材料，怎样搭配）

② 用填、扎、剪、画等方法完成基本造型。

③ 美化装饰。

（四）自主合作，艺术实践，求异思维

（1）根据准备的材料，同桌同学讨论打算做什么。

（2）同桌同学讨论好后向教师汇报，然后开始合作制作。（大屏幕上显示大量图片，播放优美的音乐）

（3）教师有针对性地进行辅导。（鼓励学生打开思路，设计各种袜子、手套造型作品，教师随机展示学生作品，以激发学生制作的热情）

在这个教学环节中，学生们的创造力天马行空，完全沉浸在活跃、快乐的氛围中，学生们时而有灵感突现的喜悦，时而有深思后的顿悟，教室内到处激荡着创造的热情。因此在教师施以适当的引导后，学生在美术氛围中充分享受到了创造的乐趣，亲身体验到了创造的神奇。背景音乐、流动的画面营造出良好的创作氛围，为创作有困难的学生提供了短暂的视觉形象，使其消除畏惧心理。

（五）展示作品，互相欣赏，体现成功的喜悦

（1）自评：说说自己的设想、创意。

（2）互相欣赏作品，并随着《巴布熊猫》的音乐起舞。

（通过互相欣赏作品，整节课被推向了高潮，学生在这一环节中陡然间升起一种莫大的自豪感和成就感……）

（六）课堂小结，课后延伸

（1）课堂小结：今天我们用灵巧的双手创造出了奇迹，老师表扬全班同学，你们真棒！同学们的作品造型形式多样，构思巧妙至极，很美、很可爱！我想，通过这节课，大家一定体验到了成功的喜悦、创作的乐趣了吧。希望同学们在今后的美术创作中，敢说、敢想、敢画，充分挖掘自己的潜力，这样一定会创作出更多、更好的作品，要相信自己一定能行！

（2）课后延伸：我希望同学们利用制作的玩具表演趣味游戏或课本剧，下节课表演给大家看。表演后，可以把它送给你的家人或好朋友。回去再想想，尝试用不同的废旧物品制作玩具或者工艺品。这样，我们就是出色的发明家了，再也不用花钱去买玩具了，你们说好不好？

课后反思：

我认为美术教学不仅是美术知识与技巧两个层面的简单联系，还是一种有意义的综合能力的多重培养形式。因此，这个教学活动充分调动了学生的各种感官，满足了学生探索和亲自动手的欲望，为学生提供了创造的空间。学生们在老师创设的氛围影响下，充分激活了创造兴趣，点亮了思维的火花。他们制作的作品千姿百态、特色各异。

在整个教学过程中，作为教师的我总是以满腔的热情投入其中，与学生真诚互动交流，以心换心。心灵的真诚在语言、姿态、眼神中得以呈现。教学中，充分尊重学生的个性，主动接近他们，了解他们的创作意图和制作过程中遇到的困难，并与学生合作示范制作步骤，和学生打成一片，让他们觉得老师既可敬又可亲。本节课最令人感动之处便是在学生的创作中，整个教室呈现出一种高昂的创作激情，大家兴致很高。看着大家一会儿蹙眉沉思，一会儿开心微笑的样子，我心里有说不出的高兴。在他们展示、讲述自己作品的时候，我也非常注意倾听，欣赏和肯定他们的作品。对于学生来说，他们的每一个发现都应给予肯定和鼓励，尤其是那些与众不同的作品，我都及时给予表扬和宣传。整个活动都处在一种积极尝试的氛围中。在这个环节中，我发现有些学生不敢站出来展示自己的作品，有点胆怯，于是，我提出集体展示，互相欣赏，并随着音乐起舞，把整节课再次推向高潮。

在本课的结尾我又有意地进行了延伸，通过启发学生发现身边废旧物品，自主探索，从而发现美、创造美。

课后邓鉴深老师点评：

这节课，张老师运用动画片引入，一下子吸引住了学生，引起了他们的兴趣，达到了所设计的导入的效果。在学生想学但又没有接触过，心理上觉得很困难，不知道应该怎样做的时候，教师很好地借助学生求知欲望的动力，制作了课件和大量可爱、好玩的玩具作品，以课件和实物使学生一下子从困难中走出来。教师不但在语言上鼓励学生，而且与学生合作示范制作，使学生从畏惧转到大胆尝试中来。在展示作品时，有些学生不敢上台展示，教师便用课件动画视频鼓励学生站出来互相介绍作品、欣赏作品，让学生消除心理障碍，最终一齐参与表演。

这堂课不仅让学生学会了手工制作，更让学生学会了勇于表现自我、超越自我。这节课完全达到了这次美术教学活动的情趣、互动、高效的要求，是非常优秀的一堂课。

在小学美术教学中培养学生的向善品格

——我的教学追求

"要在美术学习过程中，激发学生的创造精神，发展美术实践能力，形成基本的美术素养，陶冶高尚的审美情操，完善人格。"不少美术教育专家曾研究过人文素质教育在美术课程中的重要性。王嘉澍指出，应该改变当前重专业、轻人文，重技术、轻素质的教育现状，以人文素质培养为美术教育核心，对教师和学生进行综合的美术教育，提高其人文素质，成为"全面发展的人"。这充分证明塑造人性、培育善心是我们教育教学的重要内容。由此，在小学美术教学中融入人文素质教育，培养学生的向善品格是迫在眉睫的。

向善品格，即向往正义、向往仁慈、向往美好之意，要求我们宽容、感激、自省，富有爱心。因此，在小学美术教学中培养学生良好的向善品格是可行的，也是至关重要的。

一、在小学美术教学中，激发学生养成向善品格的欲望

小学时期是人的行为、性格和智力迅速发展的关键时期。在这一阶段，由于身心变化比较快，加之文化知识及社会经验不足，小学生很容易产生不健康的心理，导致心理问题或心理疾病。当前青少年学生身上仍存在一些不容忽视的问题。有的在诱惑面前显得自私自利，有的在别人需要帮忙的时候表现得麻木不仁，有的在面对社会弱势群体时缺乏应有的同情心和爱心，有的在同伴交往中缺乏应有的理解和宽容，等等。这都让人们深深痛惜中华民族纯朴、善良、正直、勇敢的传统美德的流失。在小学美术教学中，唤醒学生的良知良

能，激发学生向善的欲望，锻炼他们的意志品质，优化他们知、情、意、行等方面的素质，使他们形成初步正确的世界观和人生观是这个阶段教育的关键。

（一）唤醒学生的爱心

当今世界各国都十分重视引导孩子向善，培养小学生做一个有爱心的人。如爱护小动物是德国许多幼童接受"善良教育"的第一课。在孩子刚刚学会走路时，不少德国家庭就特意为孩子喂养了小狗、小猫、小兔、小金鱼等小动物，并让孩子在亲自照料小动物的过程中，学会体贴入微。同情、帮助弱小者也是德国人对孩子进行"善良教育"的另一项重要内容。在成人社会的倡导、鼓励下，孩子们帮助盲人、老人过马路早已蔚然成风，为身有残疾的同学排忧解难也并不是什么新鲜事。在美术教学中，教师应随时抓住教育的契机开展向善的教育。如"做个胸卡送老人"一课，教师利用情景故事导入，老师饰演一位迷路的老奶奶，在街上茫然地找家；学生看到了马上就跑过来，对老奶奶说："老奶奶，您怎么啦？"老奶奶："我一直在家乡住，儿子见我年纪大了，没人照顾，就接我来城里住，照顾我。我刚到这城市没多久，整天关在那个'鸟笼子'里，想出来走走，透透气。你看城市变化太大了，我记性又不好，迷路了。你说怎么办呢？"生："您住哪儿？您记得您家人的电话号码吗？"老奶奶："儿子、儿媳妇的电话也记不住。对了，我儿媳妇做了一个小胸卡给我。我看不清楚，你帮我看看吧。"老奶奶出示小胸卡，学生通过胸卡上的地址和联系方式找到了老奶奶的家人，并把老奶奶安全地交到她家人的手里。通过情景故事引出了本课题，让学生初步感知胸卡的形状、文字、图案等基本元素；同时，让学生了解当今社会老龄化等问题。年轻人要工作，不能时时刻刻在老人的身边照顾他们，就像上面故事里遇到的情况那样，胸卡对老爷爷、老奶奶来说很重要。所以，接下来让学生做一张别致的胸卡送给老爷爷、老奶奶，让他们多一些安全感，能够自在地穿行于城市的街巷，感受生活环境的美好变迁。通过"做个胸卡送老人"一课的学习，培养学生的创新能力和动手能力，激发学生对老人的敬爱之情，引导学生知道关爱老人、关心社会，并能做到主动为需要帮助的人提供帮助，感受善的快乐，培养学生向真、向善、向美的精神品格和人生境界。

（二）引导学生向往正义、向往美好

对少年儿童而言，美术可以吸引他们的眼球，而且是适合他们表达思想情感的媒介。美术教育很多时候并不是为了提高学生的绘画技能，而是让他们放松情绪，感知、体会外界的刺激，激发他们的创造精神，发展美术实践能力，形成基本的美术素养，陶冶高尚的审美情操，完善人格。如"我们爱和平"一课，以绘画的形式表现和平的主题，借助具有象征意义的事物或艺术符号来表现抽象的思想或概念。和平是一种社会状态，是人们的一种愿望，是一个抽象的概念。在教学中，教师从情感入手，运用多媒体播放《战争与和平》的影片吸引学生眼球，使教学手段更具体、更生动、更形象，让学生感受美术的社会人文功能：感受战争是野蛮的、残酷的、痛苦的，应该反对战争；和平是美好的、安定的，是人类文明延续发展的保证，是值得人们赞美和珍惜的。本课通过描绘和平的景象，表达学生追求和平与美好生活的愿望，激发学生向往正义、向往美好的生活，培养学生热爱和平、反对战争、珍惜美好生活的良好情操。

二、在小学美术教学中，培养学生向善的品格

新课程标准提出"以人为本"的思想和教育理念。在美术教学中，强调人文教育，把人文教育和美术教育紧密地结合起来，为学生提供更多更系统的关于"善"的信息，让学生从小养成向善的品格。以美辅德、以美增智、以美塑情、以美促健，从而在潜移默化中丰富思想、陶冶心灵，培养学生向真、向善、向美的精神品格，形成善的品质。

（一）通过情感教育，培养学生关心他人的向善品格

高尚的情操和完善的人格都是心灵的发展、情感的升华。对于小学美术教育来说，因为小学生还不能完全理解人生的价值观、社会的道德观等，他们许多的是非观念还都比较模糊，所以我们在教学中不能完全用说教的方式，因此，情感培养就成为一个很重要的手段。孩子本身具有丰富的情感，极易被情感所打动。如"送给爸爸妈妈的礼物"一课，教师把学习内容有机地融入人文主题，使亲情教育贯穿整节课。从欣赏歌曲《世上只有妈妈好》，回忆父母的

爱，到说说父母平时关爱我们的一点一滴，无不体现父母无私的爱，再到各自表达报答父母的做法，如："在他们下班回来时，我们可以倒一杯水给他们喝，问他们：'工作辛苦吗？'""攒钱给他们用！""努力学习，取得好成绩！""帮妈妈做点家务。"让孩子在美术教学中感受父母无微不至的关怀，感受人世间的亲情和幸福，感受生活与世界中丰富的情感，感受爱，感受付出、关怀、尊重、理解、宽容等，从而培养学生关心他人的向善品格。

（二）通过欣赏艺术作品，培养学生热爱自然、热爱生活的向善品格

美术教育是一种审美教育，追求"以美育人"的方式。美的基础是真与善，即要求以健康向上的精神和态度反映社会、自然与美好的生活，在美术活动中不断地感受与理解，并以各种艺术的方式得到强化，逐步获得对美的真切体验。在实际教学中，许多教师会担心大师的美术作品太过高深，学生难以明白画中的意思。其实不然，很多学生在面对大师的作品时，会告诉你一些不同的想法。有人说孩子是天生的艺术家，他们具有和大师直接对话的能力。因此，从小让学生接触高水平的美术作品对提高学生的审美能力是有好处的。学生通过欣赏美术作品，明辨是非，褒善贬恶，歌颂美好的、善良的、积极的、健康的事物，揭露丑恶的、落后的、愚昧的事物，并获得人文精神的濡染，提高人文素养，完善自身的人格。如四年级"高山大海江河"一课的教学中，学生在教师的引导启发下，能很好地思考、理解和解释画中的意思，同时能用自己的语言表达画家所要表达的思想。欣赏画家描绘祖国的高山、大海、江河能激起学生对祖国的热爱，无形中学生也会模仿画家和诗人用热爱祖国的心态去欣赏祖国的山水。一位学生以山为主题，描绘家乡的高山，他说既然画家可以带着个人的感情去描绘山水，那他也可以描绘家乡的高山。

这节课结合美术欣赏与评述以及绘画技能教学活动等，不仅可以欣赏美术作品，更重要的是了解美术作品中蕴含的深意，更多地结合思想教育，从而培养学生热爱自然、热爱生活的向善品格。

（三）通过艺术创作，培养学生保护环境的向善品格

美术活动是一种以观察、交流、讨论、体验、游戏、尝试、模仿、参观等方式获得创作灵感和情感体验的过程，是以创作为主要形式的实践性活动。如

　　"小桥流水森林"一课，教师把握好教学的每一个契机，适时地开展或渗透人格培养的内容，引导学生在观察、感受、体验和分析画家们的作品时体会大自然的美，感受美好的生活。同时引导学生思考如何保护大自然，带着保护环境的意识，启发学生厒怎样的色彩来表现各自的情感，选择怎样的构图来表现出心中构想的主题和思想。有的学生画家乡的田园美景，有的学生画小鸭子在小溪中戏水。最后，在学生展示漂亮的作品时，让学生说说为了美好的大自然、美好的生活，我们该如何保护大自然，从而培养学生保护环境的向善品格。

他人眼中的我

张老师做人谦虚、诚恳，做事及时、有效、前瞻。

及时：张嘉敏老师刚开始参加广州市的"百千万"名师培训，就及时地、有规划地制定好目标，申报省课题。

有效：利用本地资源，编制校本教材，是实实在在地在美术课堂教学研究课题，接地气。

前瞻：有想法，有研究方向，有理想，有追求。

——广州市"百千万人才培养工程"美术组实践导师（培正小学）　唐雪娟

张嘉敏老师教学理论知识丰富，教学基本功扎实，具有很好的绘画专业技能。她积极参与教育教学科研，有多项课题获从化市立项并开展了研究，成果优秀。在教学中，张老师非常注重突出学生的主体地位，尤为注重培养学生"欣赏画，说感悟"这种人文素养。她对学生多种能力的培养，营造了浓厚的美术课堂氛围。在张老师的美术课堂里看到的学生是活泼开朗、兴致勃勃、天真无邪、充满自信的，尤其在学生完成作品后，老师很用心地把每个学生的作品都一一展示，做了一个完美的收官，让每个学生脸上挂满了幸福与自豪的微笑。张老师的课堂开放、富有活力，在教学内容、思路、组织形式上，都能充分体现张老师"游戏激趣、示范导学、创新思维"的教学风格。

——从化流溪小学教导处副主任　梁丹红

张老师就像我们的大姐姐一样关心我们班的每一个同学。每次上美术课的时候，她都是一直带着微笑看着我们。画画的时候，我们班有些同学不会画，张老师就手把手地教，直到画好为止。有时候还给我们讲笑话、讲故事，带我们做游戏，每一堂美术课我们都上得很开心。下课了，我们都舍不得离开美术室，都缠着张老师给我们讲故事，和我们猜谜语。

——从化流溪小学2011届四（1）班　郑凯允

第二章

教学成果

以课题研究为导向的美术教师科研能力的培养

　　教育科研是针对教学实践的具体问题和现象所展开的研究活动，往往会以课题和论文的形式体现研究结果。所以，以课题研究为导向来培养教师的科研能力极为有效。当然，要想有效落实这一能力提升方法，教师就应该有意识地做好相关工作，根据实际需求进行针对性的提升，如此才能在循序渐进中促进自身科研能力的提升，并全面掌握课题研究的方法和过程，进而提高整体教学水平。以下便是我们的一些看法与实践。

一、做好相关专业的课题研究

　　小学美术作为小学阶段的重要学科，对于提升小学生的审美素养，强化小学生的审美体验具有重要作用。所以，要想提高其教学效率，教师就不能忽视对其相关课题的研究。现以省课题引领小学美术教师做好子课题，构建学校特色，同时在完善子课题研究的过程中，教师会不可避免地将学校的实际情况、地方资源、个人专业优势结合到一起，唯有如此，才能确保课题研究成果适用于本校学生的学习需求。在做好美术这一专业的课题研究的同时，教师的科研能力也会随之得到提升。

　　由于受年龄和心理等因素的影响，小学生在美术学习方面的效率一直未能获得实质性的突破。所以，近年来，针对小学美术方面的课题研究层出不穷。为了提高自身的科研能力，我们非常重视对相关课题的研究。例如：工作室成员郭老师主持的区级个人小课题"核心素养背景下小学美术人物剪纸的实践研究"，工作室成员吴老师个人小课题"小学水彩花卉的教学方法实践探究"，工作室成员谭老师主持的区级课题"以民间扎染为载体培养小学高年段学生美术表现素养的研究"等。这些课题不仅考虑具体的地方资源和个人优势，直指当前美术教学的重难点，还涉及相关的教学效率提升方法。在对这些课题展开研究的过程中，我们通常先将重点放在学校情况和基本学情上，对相关课题进行一个全面的了解。在这一基础上再对其进行有效的规划和研究，便能达到事半功倍的效果。同时，通过对这些课题研究的有效落实，教师们的科研能力也得到了有效的提升。

二、参与相关课题专项讲座

课题研究并没有想象的那么困难，当然也没有想象中那么简单。对于科研能力尚处于培养和提升阶段的小学美术教师而言，适时地参与相关课题专项讲座是非常有必要的。通过专项讲座的培训，教师不仅能够提高科研专业知识，还能够对如何进行课题研究产生新的认识。所以，为了能够有效培养小学美术教师的科研能力，学校应有针对性地邀请一些科研专家进校园进行课题专项培训，从而为教师科研专业知识的提高提供必要的保障。

在课题研究过程中，遇到困难是难以避免的，重要的是能够找到突破的方法。所以，为了能够提高自身在课题研究方面的能力和水平，我经常会参与一些相关课题的专项讲座。在我们参与的课题专项讲座中，有学校安排组织的，也有校外的。不同的课题专项讲座给我的感触不同，所收获的知识与技能也有较大差异。为了能够对相应知识进行有效的内化，我对每一场讲座都进行精心的记录和总结，从而对课题研究有了更深一步的认识。显然，参与相关课题专项讲座对于提升教师自身的课题研究能力具有重要作用，更有助于教师科研能力的提升。所以，作为小学美术教师，要想进一步提升自身的科研能力，就不能忽视对相关课题专项讲座的参与，只有不断地吸收知识，才能在课题研究中培养自身的科研能力，才能在美术教学中促进学生健康成长与发展，而这更是教育者的职责所在。

三、课题研究与课堂教学相结合

课题研究的成果最终是为课堂教学服务的，所以为了使其成果更具可行性，教师必须将课题研究与课堂教学相结合。在这一过程中，教师既需要考虑课题的初步实施，还要对教学效果进行反思，从而把实践上升为理论。教学实践是最容易发现问题的环节，教师需要对问题进行独立思考，并提出创造性见解，在研究中谋求进步，直面改革中出现的新问题、新挑战。在通过教学实践得出结论后，教师要对课题予以修改，再在实施中进行总结。通过这一循序渐进的过程，课题研究的成果更适用于小学美术教学。只有将教学与研究的结合落到实处，才能使自己真正成为教学和研究的主人，才能在理论与实践相融合的过程中促进教师自身科研能力的提升。

课题研究与课堂教学不是单向促进的关系，而是相互促进的关系。课题研究成果能够提高课堂教学质量，而课堂教学实践能够使课题研究更具方向性和针对性，且能够映射出课题研究的阶段性效果。所以，在课题研究过程中，我会有意识地将其与课堂教学结合到一起，借此来提高小学美术教学质量，并完善课题研究成果。例如，在研究"核心素养背景下小学美术人物剪纸的实践研究"这一课题时，我将最初的研究理论实施到了课堂教学中，利用人物剪纸的形式引导学生进行了美术创新。在实施过程中，我对其效果进行了记录，并对教学过程中所出现的问题进行了反思。在这一基础上，我对课题研究的一些内容进行了相应的修改和完善，并再一次投入实践中。通过两者之间的结合，不仅将教学与研究完美地联系到了一起，还体验到了这一实践研究效果所产生的巨大推动力，从而逐步促进了自身科研能力的提升。

四、定期组织教师间的研讨活动

课题研究大多是由一组人共同展开的，每个人都在其中发挥着不可替代的作用。所以，在课题研究过程中，学校或课题组组长理应定期组织教师进行研讨活动，以了解和跟踪课题实施进度，检查阶段性的成果，汇编成员的课题研究成果。为了确保研讨活动的开展能够提高教师们的积极性，在研讨活动的形式选择上应该更具有创新性，如研讨会、沙龙、专题讲座、外出参观学习等，这些不同形式的交叉开展，有助于研讨活动的顺利实施，有助于提高教师们的科研能力。

研讨活动在课题研究中起到了强有力的辅助作用，非常有助于课题研究的实施与推进。所以，适当地组织和参与教师间的研讨活动，对于课题研究质量的提升具有重要作用。因此，在我所负责的课题研究的过程中，我经常会从课题研究的阶段性出发来安排研讨活动。考虑到千篇一律的研讨活动很难全面提高教师们的积极性和讨论兴趣，所以我会适当地创新研讨活动的形式，并尽可能地避免连续使用一种形式，从而有效避免了研讨活动的枯燥感。在诸多研讨活动中，我使用较多的是研讨会、沙龙、外出参观学习，而这几种形式中又以外出参观学习最受欢迎。通过对不同研讨活动形式的应用，教师们大多积极性十足地提出了对课题的看法以及对课题的阶段性研究成果，而我则在总结中对课题进行了进一步的完善，这对于全体教师科研能力的提升将产生积极的促进作用。

综上所述，美术教师科研能力的培养是一个循序渐进的过程，不可能一蹴而就。所以，为了能够不断提高自身的科研能力，我们不仅需要对自身情况有一个全面的了解，还应该积极投入对相关课题的研究中，从而在不断探索与实践中养成良好的科研习惯，进而促进科研能力的有效提升。

参考文献

［1］刘新才.简论小学教师教科研能力的培养［J］.新课程研究（上旬刊），2019（3）.

［2］石玉才.汉中中小学美术教师科研能力提升策略初探［J］.美术教育研究，2015（22）.

［3］安为.论现代小学美术教师应具备的能力［J］.成功（教育），2011（16）.

（此文发表在《学习与科普》2019年第36期）

如何撰写省级课题申报书

——以广东省教育科学规划课题"在小学美术课堂中提高农村学生
水墨画素养的研究"申报书为例

科研能力提升的核心路径：

走上研究的道路

凝练研究的理念

表达研究的成果

一、什么是课题

课题：研究或讨论的主要问题或亟待解决的重大事项。可见，课题是问题，是重大事项。但并不是所有问题都是课题！具有专业性、有价值、需要探究、能够解决的问题，才能成为课题。

问题来源于课堂教学，对研究的问题进行提炼、概括后形成课题的名称。

二、课题研究方案的基本要素（想做什么、为什么做、怎样做、做成怎样）

（一）课题名称（想做什么）

课题名称一般10～20字，不超过25字为宜。课题名称至关重要，评委看课题的名称就知道其有没有研究的意义和价值。课题名称一般包括三个部分、五种模式。

模式1：研究对象+研究范畴+研究方法。如：小学低年级数学口算教学的策略研究。

模式2：理论依据+研究目的+研究方法。如：运用多元评价激发学生学习兴趣的行动研究。

模式3：理论依据+研究方法+研究目的。如：运用多元评价通过激励性语言增强学生自信心。

模式4：研究对象+研究方法+研究目的。如：小学美术教学中运用微课提高有效教学研究。

模式5：研究背景+研究对象+研究内容。如：核心素养背景下小学美术校本教材的开发与利用。

（二）课题研究意义（研究背景、学术价值、应用价值）

1. 研究背景（提出问题的背景、选题缘由）

（1）时代背景（社会、政策）。

（2）理论背景（课标、理论思想）。

（3）实践背景（学生学习、教师教学）。

给定：研究对象问题的起始状态。

目标：问题要求的答案或目标状态。

差距：问题给定与目标之间的距离，必须通过探究才能找到答案或达到目标。

2. 学术价值

学术价值是科研成果的积极作用，其最基本的要求和特点是创新，如提出了新问题，开拓了新的领域，或提出了新观点，构建了新理论，做出了新论证。

3. 应用价值

（1）学生：研究的主要归宿是学生，要阐述清楚对学生有哪些应用价值，学生的哪些方面得到提高，培养哪些素养。

（2）教师：在研究过程中，教师的哪些方面得到了提升，通过什么体现出来。

（3）学校：课题的研究对学校有哪些影响效果。

（4）社会（家庭）、国家：课题研究的成果对社会、国家有哪些影响或帮助。

（三）国内外研究现状

对国内外研究现状进行广泛深入的调研，既要介绍国外动态，更要介绍国内研究的情况。列出国内外同行的工作，指出需解决的共性问题。介绍国内情况应包括申请者本人的研究工作，这样可以使评议人从中了解申请者的一些思路，必须阐明申请者拟开展本项研究工作的充足理由以及理论和学术意义。国内外研究现状分析要清楚、准确、全面。清楚：清楚重要代表性研究成果和重要研究过程。准确和全面：注意主次要文献的取舍，引用主要文献要体现进展。对与本研究相同、相似、相矛盾的文献要做全面分析。相同结果与观点恰如其分地给出赞许性结论，不同观点客观地进行评价。要大量学习、收集与课题相关的资料，了解前人已研究的情况，取得了哪些成果，避免做重复性、无意义的研究。在研究现状的基础上，借鉴前人的经验、成果，进而突破、创新。

三、总体目标和立论依据

（一）总体目标

1. 研究目标

研究目标是课题研究预期达到的结果。明确的研究目标对课题研究具有定向作用和指导作用。研究目标要具体、清晰、有条理、适度。

2. 核心界定

对关键词进行解释、阐述。

关键词一般3～5个，是课题研究提炼出来的、有代表性的至关重要的词语，能够集中反映课题研究主题或主要内容的概念，一般体现在课题名称、目标或摘要中。

（二）立论依据（以支撑课题的理论依据）

理论依据是指人们在各种物质性和精神性的实践活动中的思想观念基础或出发点，是人们思想和行为的前提条件之一，它与实践依据相对应，是人类理性的产物。立论依据是我们开展课题研究的重要前提，是开题报告和结题报告的重要组成部分。立论依据有哲学、心理学、社会学、教育学理论依据及政策依据等。中小学教育课题研究最常使用的是教育学理论依据。

1. 政策依据

国家、省、市、地方行政部门政策性的文件是政策依据。如新课标等。

2. 理论依据（学术思想）

某位教育家经过研究、反复推敲，得到公认的重要理论或观点，指导研究过程的学术理论。

四、研究内容

多用动词。

（1）通过……了解了……（加具体做法，有骨有肉）

（2）运用……提高了……

（3）通过研究……建立了……

五、拟突破的重点、拟解决的关键问题及主要创新之处

（一）突破的重点

（二）拟解决的关键问题及主要创新（以理论成果为主）

六、本项目的研究方法、研究手段、研究计划

（一）研究方法

课题研究的主要方法：文献研究法、调查研究法、行动研究法、案例研究法、个案研究法、经验总结法等。

（二）研究手段

通过哪些研究方法，怎样做，取得了哪些成果。

（三）研究计划

1. 准备阶段

一般3～6个月。

2. 研究阶段

一般6～12个月。

3. 结题阶段

通常3~6个月。

七、预期成果

预期成果最好用表格形式呈现。表格参考形式如表2-1所示。

表2-1　预期成果样表

序号	名称	形式	时间	负责人

八、负责人前期研究基础

包括：负责人主要工作经历及目前从事的主要工作；近3年来完成的重要研究课题，已发表的相关成果，相关成果的评价情况（引用、转载、获奖及被采纳情况）；已收集的相关资料；完成本课题研究的时间保证、资料设备等科研条件。

（一）负责人主要工作经历及目前从事的主要工作

（二）负责人近3年来完成的重要研究课题

（三）准备情况（单位、成员）

（四）收集的相关资料（参考文献）

下面以广东省"十二五"教育科学规划课题"在小学美术课堂中提高农村学生水墨画素养的研究"申报书为例。

在小学美术课堂中提高农村学生水墨画素养的研究

一、研究意义（研究背景、学术价值、应用价值）

（一）研究背景

水墨画是具有悠久历史的中国民族绘画，是我国民族文化的瑰宝，现已形成了融合整个中华民族独特的文化素养、审美意识、思维方式、思想哲学观念的完整艺术体系。从参加美术新课程教学的10多年课堂实践的过程来看，理想状态的水墨画教学犹如乌托邦，在农村学校的具体实施开展还是存在许多现实的问题，比如一些父母的艺术教育投资意识不强，父母很少关注或从不关注孩子的美术学习状况，孩子书包里唯一的美术工具是六年如一日的蜡笔等普通绘画工具，有极个别孩子的蜡笔还是幼儿园时就使用的，美术学习只能是一种奢谈。现在的学生多数对水墨画接触比较少，不会欣赏，更不会画。美术课本中，每学期水墨画的内容也只有一两课。因而，很多学校的水墨画教学只在兴趣小组教学中开展。在兴趣小组教学中，有两类现象司空见惯。其一，美术老师拿出一两幅传统题材的范画，示范以后，小学生便一遍遍地临摹，最后练出几幅和范画差不多的作品。其二，过度创新，失去了传统的国画的韵味。我们该依据什么来选择水墨画教学的内容？农村学生水墨画的教学策略是什么？怎样教才能促进农村学生自主全面地发展？农村学生水墨画的教学实施成效如何？教师在农村学生水墨画教学的效果和专业成长如何？等等。这些问题也需要我们进行实践和探索，为农村小学的水墨画教学提供参考。

（二）应用价值

1. 学生

在小学美术课堂中开展水墨画教学，让农村学生接触、了解、喜欢水墨画这门传统的艺术文化，并通过欣赏、临摹、创作等学习方法，理解水墨画的特性（墨为主要原料，加以清水的多少引为焦墨、浓墨、重墨、淡墨、清墨等，画出不同浓淡层次的作品），掌握表现手法，在国画课里学会运用国画语言表达自己的思考，表现自己对生活的独特感受，表现简练的造型、出神入化的运笔和富于变幻的墨色，从而提高农村学生造型与概括能力以及水墨画素养，培养农村学生对艺术的敏感性，挖掘学生的审美创造潜能，陶冶其情操，促进其全面发展。

2. 学校

在学校"水品育人"教育理念的引领下，本课题开展的研究，与学校的书法特色相互呼应，共同营造了学校的艺术氛围，成为学校的一个品牌活动。

二、总体目标

为了促进学生的全面发展，进一步促进学校特色的形成，提高农村学生水墨画素养，我们在小学美术课堂中开展水墨画教学。

基于在农村学校开展水墨画教学存在许多现实问题的背景以及水墨画的特点，如水墨画在运笔用墨用色等技法上的诸多要求（这也是儿童持续性学习水墨画的不利因素），如何在教学中正确取舍、更旧创新，使水墨画学习更适于儿童的年龄特点，便成为值得我们研究的问题。我提出：在完成好教学大纲规定内容的前提下，结合地方特色，加大农村学生对水墨画的欣赏和绘画教学的实践，从而提高农村学生水墨画的素养。

三、研究内容

为了促进学生的全面发展，进一步促进学校特色的形成，提高农村学生水墨画的素养和提高美术科组教师的理论水平、艺术修养是研究本课题的前提。在小学美术课堂中开展水墨画教学，要尽可能学习和接纳同类课题专家的成果，所以，本课题只是研究教材设计中的以下几部分内容。

（一）对农村小学生水墨画素养的现状调查研究

按不同年龄段对学生进行问卷调查，了解小学生的水墨画知识水平。

（二）提高农村小学生水墨画素养的教学策略研究

（1）建立农村小学水墨画校本教材的开发与利用。根据我校的文化特色、学生各年龄段特点、教科书、农村地方资源，建立一套适合不同年龄段特点、学生乐意接受的教材体例和样式，并按照单元编写教材。

（2）分年龄段、循序渐进地以重体验、重创作、重人文的教育方法，进行水墨画课堂教学的实践与研究。

① 欣赏画家的作品，提高兴趣。让学生接触、了解、喜欢水墨画这门传统的艺术文化。

② 自主感受墨色，理解水墨画的特怔。墨为主要原料，加以清水的多少引为焦墨、浓墨、重墨、淡墨、清墨等，画出不同浓淡层次；学生自主感受墨色的无穷变化，在实践中体会到水墨画的韵味，受到传统文化的熏陶。

③ 运用临摹这种传统的学习方法，掌握水墨画的表现手法。中国水墨画传统的学习方法是从临摹入手，通常临摹所选择的绘画内容是与小学生的日常生活有着密切关联的事物，如蔬果、美丽的花朵、可爱的小动物（如昆虫）等。

分析画家们是怎样对日常生活中的事物进行艺术表现的，从中体会和学习艺术大师们的表现手法。

④ 自我表现，培养创造能力，提高水墨画的素养。在教学中，我尽可能地为学生提供写生的机会，让学生充分体验、感受物象的多样性与丰富性。促使学生主动观察生活、留意生活并培养其对生活的热爱之情。让学生在国画课里学会运用国画语言表达自己的思考，表现自己对生活的独特感受，提高其水墨画素养；培养学生在表现过程中的创作能力及勇于探索、敢于尝试的精神。充分利用学生在校活动的时间，通过各种教育形式和手段有机地渗透水墨画教学，对学生进行潜移默化的影响和熏陶。

（三）全面开展水墨画教学，提高教师的艺术修养

探索有利于小学生积极学习水墨画的教学过程与方式，更新教师的教育观、儿童观和价值观，提高教师的艺术修养、教学水平和科研能力。

四、研究方法

（一）文献研究法

查阅有关文献，学习儿童美术教育方面的理论，了解儿童绘画活动心理规律，更新教育观念；研究有关儿童水墨画教学方面的理论知识，分析其研究动态，从而提高本课题研究的科学性、有效性。

（二）行动研究法

根据各年龄段特点，坚持理论研究和实践探索相结合，以重体验、重创作、重人文的教育方法，在小学美术课堂中开展水墨画教学。让学生接触、了解、喜欢水墨画这门传统的艺术文化，并通过欣赏、临摹、创作等学习方法，理解水墨画的特性，掌握表现手法，提高水墨画素养。

（三）案例研究法

我们研究的是农村学生水墨画的案例，发生在课堂教学情境中的具体的课程事件。

（四）经验总结法

在农村学生水墨画教学实践中，实践——思考——实践——提炼。收集整理教师的研究论文、经验总结、教育随笔、个案资料、教学研究报告、教师和儿童国画作品等，汇编文集，做好成果展览布置工作。

总结归纳课题研究所取得的经验，以便推广、运用，而且这一方法贯穿整个研究过程，并在研究过程中不断升华。

根据学生的各年龄阶段，编写低、中、高单元的教材，形成校本教材。

五、研究手段

针对"在小学美术课堂中提高农村学生水墨画素养的研究"的课题，运用文献研究法、行动研究法、案例研究法、经验总结法，开展对农村小学生水墨画素养的现状调查研究和提高农村小学生水墨画素养的教学策略研究；全面开展水墨画教学，提高教师的艺术修养；编制提高农村学生水墨画素养的校本教材。

六、组织、分工

（1）从化市教育局教研室教研员方华英主任和吴水晶老师：指导、跟进课题的进展。

（2）本课题主持人张嘉敏老师：课题的实施，美术课堂的实践；收集整理教师的研究论文、经验总结、教育随笔、个案资料、教学研究报告、教师和儿童国画作品等，汇编文集，做好成果展览布置工作。

（3）本课题的实施者刘旭泉老师、徐小珍老师：美术课堂的实践；实践——思考——实践——提炼。协助课题主持人张嘉敏老师收集整理课题资料。

（4）全体成员根据学生各年龄阶段，完善低、中、高单元的教材，形成校本教材。

七、研究进度

（一）准备阶段（2014年9月—2014年12月）

（1）课题立项准备，初步设计课题研究方案；成立课题组，明确分工。

（2）向省科研中心申报课题，论证和修改课题设计。举行课题组初次会议，明确课题研究的目标，分解课题项目。

（3）问卷调查研究，了解小学生的水墨画知识水平。

（4）收集理论书籍、儿童水墨画书籍、水墨画的教学资源。

（二）研究阶段（2015年1月—2016年12月）

（1）邀请专家指导，加强业务学习，更新教育观念，提高研究者的专业水平和教学技能。

（2）提高农村小学生水墨画素养的教学策略研究。

① 根据农村学生各年龄段特点、教科书，加编合适的教材。

② 分年龄段、循序渐进地以重体验、重创作、重人文的教育方法，进行水墨画课堂教学的实践与研究。

A. 欣赏画家的作品，提高兴趣。

B. 自主感受墨色，理解水墨画的特性。

C. 运用临摹的传统学习方法，掌握水墨画的表现手法。

D. 自我表现，培养创造能力，提高水墨画素养。

③ 全面开展水墨画教学，提高教师的艺术修养。

④ 编制提高农村学生水墨画素养的校本教材。

⑤ 继续深入研究，调整和改进实施计划，其中尤其要重视研究记录的层次性和全面性，不断修正课程的内容和结构。

⑥ 有步骤地进行总结，撰写课题论文。

⑦ 形成研究的中期报告，举行论证会议。

（三）结题阶段（2017年1月—2017年3月）

（1）收集整理教师的研究论文、经验总结、教育随笔、个案资料、教学研究报告、教师和儿童国画作品等，汇编文集，做好成果展览布置工作。

（2）根据学生的各年龄阶段，编写低、中、高单元的教材，形成校本教材。

八、经费分配

共10000元。

① 图书资料费：1000元（购买有关的理论书籍）；

② 调研差旅费：2000元（参加培训、小型会议、学术交流）；

③ 计算机机时费及其辅助设备购置和使用费：600元（无线传输器）；

④ 购置文具费：400元（购买毛笔、颜料、笔记本等）；

⑤ 小型会议费：2000元（聘请专家指导及组织各种活动的经费）；

⑥咨询费：2000元（论文发表）；

⑦印刷费：500元（调查、问卷、收集资料、文献检索）；

⑧复印费：500元（复印课题资料）；

⑨成果打印费：1000元（打印结题资料，上送论文参评或发表）。

九、预期成果

成果形式为教师和儿童国画作品、论文、研究报告。

按照研究进度安排，预计研究成果表如下：

研究成果进度表

序号	名称	形式	完成时间	负责人
1	《水墨童年》	校本教材	2015年	全体成员
2	《农村小学水墨画教学现状调查与分析》	调查问卷与分析	2015年	张嘉敏
3	《鱼儿的自由》水墨画	课例与反思	2015年	张嘉敏
4	《游戏激趣、示范导学——低年级水墨画教学策略》	论文	2015年	张嘉敏
5	课后反思	教学随笔	2016年	张嘉敏
6	《在小学美术课堂中提高农村学生水墨画素养的教学策略》	论文	2016年	张嘉敏
7	《农村小学水墨画校本教材的开发与利用的研究》	论文	2016年	张嘉敏
8	师生水墨画作品	作品集	2017年	全体成员
9	《在小学美术课堂中提高农村学生水墨画素养的研究》	结题报告	2017年	张嘉敏

十、负责人前期研究基础

（一）负责人近3年来完成的重要研究课题

（1）参加了学校德育课题"培养学生'乐善、向善'品格的实践与研究"的研究，已结题。（广州市课题）

（2）参加了科组课题"小学电脑绘画训练策略的有效性研究"（从化区课题），已结题；论文《信息技术与美术课程整合有效地提高教学效果》在从化区2011年年会论文评比中获三等奖。

（3）主编了一本高年级的《水墨童年》校本教材，参编了低、中年级的《水墨童年》校本教材，在学校试用中。（从化区课题）

（4）个人小课题"在小学美术教学中培养学生向善品格的实践研究"（从化区课题），已结题；《在小学教学中培养学生向善的实践研究》论文在从化区2012年年会论文评比中获二等奖；"在小学美术教学中培养学生行动研究"案例研究获从化区三等奖，课题的中期检查、结题检查均评为优秀。

（二）准备情况

（1）我校是省一级学校，教育科研氛围浓厚，学校领导重视和支持各科组开展课题研究工作。学校专门成立了教育科研中心，并邀请了教研室的教研员指导我们开展研究工作。

（2）学校对科组开展教学科研大力支持，提供良好的科研环境和开展研究所需的摄影、录像器材等设备，为课题的研究提供了物质保障。

（3）本课题组成员大多来自教学一线，具有充足的研究时间，保证在研究时间内完成。

（4）学校从三年级就开设书法课，学生对毛笔、墨水的使用有一定的基础。

（5）小学生性格天真活泼，有着独特的感受能力，想象力十分奇特，作画无拘无束，绘画从内容、构图到用色往往不拘一格，大胆夸张变形，丰富多彩，作品单纯而简练，稚气十足。少儿的这种特点正适合学习水墨画。

（三）收集的相关资料

［1］刘争鸣.构建儿童水墨画世界［J］.画刊（学校艺术教育），2012（5）.

［2］广州市教育局教学研究室.广州市义务教育阶段学科学业质量评价标准·美术［S］.广州：广东教育出版社，2013.

［3］杨力.义务教育美术课程标准解读［M］.北京：北京师范大学出版社，2012.

［4］刘萍.儿童彩墨花鸟画技法［M］.北京：北京少年儿童出版社，1994.

［5］鲁迅美术学院.美术之路中国画［M］.沈阳：辽宁美术出版社，1993.

《水墨童年》校本教材的开发与利用研究

一、研究意义

（一）问题提出的背景

（1）很多父母很少关注或从不关注孩子的美术学习状况，孩子书包里唯一的美术工具是六年如一日的蜡笔等普通绘画工具。

（2）美术课本中，每学期水墨画的内容也只有一两课。因而，很多学校的水墨画教学只是在兴趣小组教学中开展。

其一，美术老师拿出一两幅传统题材的范画，示范以后，学生便一遍遍地临摹，最后练出几幅和范画差不多的作品。

其二，为比赛而画，失去学习水墨画的真正意义。

（3）大多数学生对水墨画接触比较少，不会欣赏，更不会画。

（二）学术价值

在小学美术课堂中开展水墨画教学，让学生接触、了解、喜欢水墨画这门传统的艺术文化，并通过欣赏、临摹、创作等学习方法，理解水墨画的特性，掌握表现手法，在水墨画里学会运用水墨语言表达自己的思考，表现自己对生活的独特感受，表现简练的造型、出神入化的运笔和富于变幻的墨色。这是提高学生造型与概括能力及水墨画素养的重要手段，有利于培养学生对艺术的敏感性，挖掘学生的审美创造潜能，促进其全面发展。

（三）应用价值

在学校"水品育人"教育理念的引领下，《水墨童年》校本教材开发与利用的研究，与学校的书法特色相互呼应，共同营造了学校的艺术氛围，成为学校的一个品牌活动。

二、关键词的界定

水墨画：由水和墨经过调配浓度后所画出的画，是绘画的一种形式。更多时候，水墨画被视为中国传统绘画，也就是国画的代表。也称"国画""中国画"。

校本教材：指以学校校长和教师为主体，为了有效地实现校本课程目标，达到教育学生的目的，对教学内容进行研究，并共同开发和制定一些基本的教学素材，作为校本课程实施的媒介，这些素材构成了校本教材。

三、《水墨童年》校本教材的开发

（一）第一次行动总结、反思（2014年2月—2014年6月）

1. 准备阶段

（1）理论学习。

（2）成立教材编写小组，召开学校科研中心会议，明确分工。

（3）编制《水墨童年》校本教材的开发与利用研究方案。

2. 研究阶段

（1）收集资料，了解小学生的水墨画水平，从技能水平层次高低、是否具有儿童趣味、内容是否反映儿童的生活等方面确定教材开发的系统性原则。水墨画教学必须遵循学生的生理、心理发展逻辑，在帮助学生建构审美心理结构方面应该是有序的、连续的、层层推进的，同时也是由易到难、由简单到复杂逐步深化的。

（2）初拟课程内容与结构，确定整体教学目标。每个教学段的目标分别为：低年级能用毛笔、宣纸、墨色等材料把记忆中的简单物象表现出来，运笔正确，构图恰当；中年级能掌握一些基本的笔墨知识，并大胆用墨用色表现自己印象较深的山水、花鸟、人物等，自由组合，构图恰当，色彩自然；高年级能较好地掌握笔墨技巧，并具备一定的造型能力，讲求笔力和墨色的变化以及色彩的运用，构图自然，注意穿插有致、排列有序，初步会题款。

（3）对各年龄段学生进行问卷调查，决定教材内容。教材中的教学范画由美术老师依据各个教学内容里的水墨范画绘制，把绘画步骤拍成照片，每课时的绘画教学步骤采用这些照片，突出原创性。

（4）为了突出学校特色，要求教师在上课时拍摄学生的绘画活动过程和作业照片，把这些照片加入教材，突出校本特色。

3. 编写低、中、高年段的教材

我们到广州购书中心采购了一批少儿国画的教学书籍，阅读浏览了其中的内容，通过学习研讨，共同确定了教材以低、中、高三个年段来划分，由执教的三位美术教师每人负责一个年段教材的编写。我们经过多次讨论、修改，明确每个年段的教学内容要切合不同年龄学生的特点，确定：低年段教材保留水墨画知识的简单介绍，精选了6项适合低年段学生的教学内容；中年段介绍中国近代水墨画名家和作品欣赏，安排了6课时的教学内容；高年段介绍水墨画的创作方法，也安排6课时。确定好教材内容后，三位美术教师用一个学期的时间，在课堂教学上边教学、边拍摄，把教师的范画示范步骤、学生的作画过程、学生的优秀作业拍摄下来，课后精选照片，汇编成《水墨童年》校本教材。

低年段

主编：徐小珍老师

内容：樱桃、荔枝、枫叶、蜗牛、瓢虫、彩墨鱼

中年段

主编：刘旭泉老师

内容：水墨画欣赏、草莓、金鱼、枇杷、葡萄、丝瓜、向日葵

高年段

主编：张嘉敏老师

内容：少儿水墨画的创作、风景画、牵牛花、家乡的柿子、写意的蔬果、写意的花卉、写意的动物、师生作品展

（二）第二次行动总结、反思（2014年9月—2016年7月）

2014年9月，学校美术科组的教师全面实施《水墨童年》校本教材，在实施中修改、完善校本教材。通过一年多的实施，2016年9月，学校大量印刷校本教

材，美术教师人手一套教材；美术课堂上，学生人手一本教材。

四、校本课程《水墨童年》的应用及推广

（一）校本教材全面铺开

《水墨童年》成为我校的校本教材，学校全面开展水墨画教学。

（二）校本教材的开发，促进了学校特色的形成

我们美术科组探讨《水墨童年》校本教材的开发与利用，在开发校本教材的过程中，配合学校用学生的水墨画作品装饰校园，在教学楼一楼的柱子上装上古色古香的画框，里面贴上不同题材的水墨画和书法作品，让学生在耳濡目染中感受水墨画的魅力，营造浓厚的校园文化艺术氛围。

（三）校本教材应用与推广到"百校扶百校"的从化区鳌头镇桥头小学

2015学年，我到从化区鳌头镇桥头小学山区支教一年。一年来，我把《水墨童年》的校本教材在鳌头镇桥头小学应用与推广，二至六年级的学生开展了两单元的水墨画教学，深受学生喜爱。在六一儿童节，举办"水墨童年"绘画现场赛，全校学生积极参加，认真作画，作品不拘一格，教学效果显著，深受学生喜爱，也受到听课教师的高度赞赏。

五、感悟、收获

（一）《水墨童年》校本教材的开发与利用促进了学校特色的形成

美术科组结合学生的实际和学校特色挖掘有效的水墨画资源，探讨《水墨童年》校本教材的开发与利用，为学校"水品育人"的教育理念提供了必要的内容支撑。同时在开发校本教材的过程中，用学生不同题材的优秀水墨画作品美化校园每一个角落，让水墨画的欣赏、学习活动成为学校的一个品牌活动。学校被从化区教育局评为"传统水墨画教学基地"。

（二）《水墨童年》校本教材的开发与利用提高了教师的水墨素养

围绕《水墨童年》教材的开发与利用，美术老师编制出低、中、高三套教材。在这个过程中，美术老师充当着编制者、实施者、评价者等角色，他们的潜能和创新发展空间得到提升，专业理论、专业知识、专业技能、专业素养、

教学能力得以提高。如2016年12月，我在禾仓小学的美感课堂展示课讲了二年级"给树爷爷画像"水墨画一课，得到同行的一致高度好评。

课余，教师们积极参加市、区的画展活动。我的国画作品《春暖花开》2013年在广州市美术馆参展；《国色天香》2014年入选从化区首届女画家作品，在从化区博物馆参展；《春》2015年参加从化增城巡回展；《富贵吉祥》2016年在从化区博物馆参展。

（三）《水墨童年》校本教材的开发与利用提高了学生的水墨素养

1. 水墨体验，培养创新

校本教材不仅为美术老师的专业发展提供了实践的平台，还促进了学生水墨素养的提高。美术老师以重体验、重创作、重人文的教育方法，在美术课堂循序渐进地开展《水墨童年》课堂教学的实践与研究，提高学生的审美情操与创新能力。如"自由的鱼儿"一课，学生在欣赏八大山人的作品中，感受到八大山人的孤寂；学习了他的水墨表现技法，将传统的水墨画技法与儿童的创造性思维有机地结合起来；我引导学生从生活环境中感受幸福、和谐的社会，我们爱家、爱小伙伴们！学生在作画中，借助水墨画抒发自己的感情，他们的作品是有感而发、有意而为的自主性创造。学生画出的鱼有大有小，快乐自在。作品的呈现，让学生体验到创造过程的快乐与成功的喜悦。

2. 水墨情韵，培养爱心

用水墨将世间万物的美表现出来，其间还渗透着一个"情"字。只有心中有爱，才能发现美。在每次有趣的水墨画教学中，我不仅让学生感受快乐，还引导他们发现快乐来源于爱。如"自由的鱼儿"一课，课前，我先调动学生情绪，让学生以愉快的心情进入课堂，并带着愉快的心情进入小练笔中，寄情于鱼。在欣赏中，感受八大山人、齐白石绘画中的美，并在画鱼时把自己的情感寄托于鱼。绘画中他们不仅运用不同的笔锋、不同的墨色生动地表现鱼的形态，画中还处处洋溢着对鱼的爱护，对生活的热爱。学生在水墨绘画中寄情于鱼，学会热爱自然，学会爱，学会感恩。

3. 水墨规矩，培养习惯

因为学习水墨画的工具比较繁杂，所以在绘画过程中，极有可能出现颜料弄脏手、衣服、画纸，或者墨、水洒到桌上、地上、画纸上等情况。因此，培养学生良好的学习习惯显得尤为重要。在教学之初就要求学生掌握各种用具的摆放位置。比如，摆放用具的习惯，要求学生把学习用具摆放到右边；蘸水的习惯，一般是根据需要来蘸水，不能随便涮笔，以免很快弄脏水；还有不能甩笔，多余的水可以用卫生纸或废宣纸吸除；画完后，各小组的绘画工具清洗干净，摆放整齐。

4. 水墨精粹，培养团结

水墨画的课堂工具多、用色多，课堂时间少，因而要小组团结合作：小水桶一起用，分工合作调颜色；课后，收拾工具也比较麻烦，一定要发挥小组团结合作精神，如一人倒水、清洗调色碟，一人擦桌子，两人收拾工具。所以，一开始就要注意培养学生良好的团结合作精神。

参考文献

［1］才志舜.美术教室——中国画［M］.沈阳：万卷出版公司，2008.

［2］广州市教育局教学研究室.广州市义务教育阶段学科学业质量评价标准·美术［S］.广州：广东教育出版社，2013.

［3］杨力.义务教育美术课程标准解读［M］.北京：北京师范大学出版社，2012.

［4］庞丽鹃.教师与儿童发展［M］.北京：北京师范大学出版社，2003.

（此文2017年9月发表于《中国民族博览》）

坚持新的教学理念　构建新的教育教学模式

《美术核心素养六家谈》一书中指出：教师在现实情境中引导学生去发现问题，明确任务，以自主、合作、探究等方式去获取知识技能，将知识技能加以运用来解决问题、完成任务。教与学方式的转变就是指教师是课堂教学的引导者，学生是课堂学习的主体者。教师的思想高度，影响着学生的成长高度；教师的教学导向，指引着学生的发展方向；教师的准备程度，决定着课堂的精彩程度；教师的专业素养，决定着学生的学科素养。

在美术课堂教学中，遵从《国家基础教育课程改革纲要（试行）》中"教师在教学过程中应与学生积极互动、共同发展，要处理好传授知识与培养能力的关系，注重培养学生的独立性和自主性，引导学生质疑、调查、探索，在实践中学习，促进学生在教师指导下主动地、富有个性地学习"的指引，坚持以先进的教育思想、新教学理念为指导，创设情境，和学生们一起观察、思考、讨论、感受，从富于情趣性、生活性的情境中引导学生不断发现问题、提出问题、研究问题、解决问题。通过各种方式去调动学生自主探究、合作学习，让学生积极主动地参与课堂教学，收到了良好的教学效果。

一、创设情境，激发学生自主学习的兴趣

对于小学的美术教育来说，我们在教学中不能完全用说的方式，孩子本身具有丰富的情感和丰富的想象力，因此，小学美术课堂教学应营造浓厚的课堂氛围，创设情境，让学生在情境中感受学习内容，把学习变得灵动、情境化，调动学生的积极性和学习兴趣，让学生以自主探究、合作学习等多种学习

方式愉悦地参与美术学习活动，从而提高学生学习的主动性和积极性。如"雪孩子"一课，学生一读课题，马上就提出这样的疑问："张老师，我没看过下雪，下雪是怎样的情景？"我出示课件雪景的图片，供学生欣赏；欣赏完后，我播放《雪绒花》的音乐，学生闭上眼睛，想象下雪的情景。我让学生边听边想象："你仿佛看到了什么，有什么感受？"听完后，学生仿佛沉醉在雪景中，有人说："大地白茫茫的一片，很美！"也有人说："雪很厚，我感到很冷啊！"还有人说："我很想去堆雪人和打雪仗哦。"于是我创设环境情境教学，让学生假设一起打雪仗、堆雪人，体验打雪仗和堆雪人的动作与情境。教师调动学生的参与热情和学习主动性，使其如身临其境，仿佛置身于雪景中，启发思维，引发联想，激发学生的情绪情感，感受雪的冷和美，更激发学生们想玩的天性，想去堆雪人或打雪仗。学生从自主探究中解决问题，促进学生积极、主动地探求新知、应用知识，塑造学生独立的人格品质，培养学生的自主探究能力。

因此，创设与教学内容相符的情境，既让学生获得了真实感受，又培养了学生的想象力，从而进行了美的陶冶，还调动了学生学习的兴趣，更有助于将模糊的知识趣味化，抽象的理论具体化。

二、问题驱动，激起学生探究、合作的积极性

"疑是思之始，学之端。"爱因斯坦说过，提出问题比解决问题更重要。小学生虽然想象丰富，但知识经验缺乏，发现问题和提出问题的能力还不高，提出的问题较难抓住事物的本质。因此教师要根据知识的重点、难点、关键点、新旧知识的契合点，创设情境，和学生们一起观察、思考、讨论、感受，从富于情趣性、生活性的情境中引导学生不断发现问题、提出问题、研究问题、解决问题。在教学过程中，以问题驱动，鼓励学生自主探究，激发和培养学生发展的内在需要，培养学生关注细节、不断寻找解决问题的办法的能力，激起学生自主探究的积极性，提高学生的学习能力和实践能力。如"模仿画家画一画"一课，在欣赏画家的作品时，学生带着问题自主探究，从而获得新知。

探究一："两幅《蒙娜丽莎》给你的感受是什么？学生的作品模仿了哪些

部分，做了哪些改变？"

学生通过观察画家的作品，说出自己的感受，并发现学生作品模仿了蒙娜丽莎的姿态和表情，但改变了形象和背景。

探究二： 欣赏《韩熙载夜宴图》原作和学生模仿的作品，两位同学分别抓住画家的哪些部分模仿？哪些地方画出了联想？

学生通过自主探究，认真观察、分析，选取了原作中自己感兴趣的一位人物模仿；发现学生作品模仿了人物的动态和神情，改变了内容和色彩。

探究三： 欣赏《毕加索的人物头像》一组作品，小组探讨绘画风格有什么特点，并合作完成学案。

学生四人小组开展热烈的讨论，组长执笔，认真填写学案，大部分小组都能在5分钟内完成。教师请了两个小组汇报学案的完成情况，小组长把有代表性的词写在黑板上，如《毕加索的人物头像》绘画风格：造型夸张、变形、抽象；色彩鲜艳、对比强烈。探讨的答案得到大家的认同。

学生在自主探究中获得本课的新知，理解模仿画家的画时，选取自己感兴趣的部分，模仿有趣的造型，但色彩、内容可以加入自己的联想。教师设计的探究性问题，激起学生自主探究、合作的积极性，帮助学生树立发展目标。引导学生自我导向、自我激励、自主选择、自主建构、自主发展的过程也是塑造他们人格的过程。健全的人格不断促进学生的发展，成为他们发展的基础和动力。

三、积极互动，激发学生的潜能，共同发展

师生互动、生生互动、师师互动和全员互动是合作学习的四种方式。合作学习的定义为：为了共同的学习目的一起探究学习或一起完成学习任务。

俗话说："尺有所短，寸有所长。"每个人都有自己最擅长的领域和短板，小学生爱在他人面前表现、彰显自己。在小组合作学习过程中，小组长的合理分工也会挖掘同伴的潜能，充分发挥各自的长处，取长补短、互相学习、共同发展。如"写意花卉"一课，在学生作业前，我让学生四人小组讨论：平时我们的画纸是A3纸，今天的大了4倍，如何在15分钟内完成一幅长卷？画什

么花？如何表现？1组汇报："我们四人小组合作完成，用大写意的方法画荷花，黄曦画的花美，她画花，我画叶，小军画茎，子晴画水草和写题目。"2组汇报："我们四人小组分场景画不同的花，我画荷花，她画梅花，他画大红花。"……教师把自主权还给学生，小组讨论、分工。这种互学互补的学习氛围，给学生提供了融洽的、自由的环境，为他们积极的思维活动创造了条件；培养了学生的合作意识，让学生在合作中感受助人和受助的乐趣，体验合作学习的乐趣。

四、构建新教育教学模式

在现实情境中引导学生去发现问题、明确任务，以自主、合作、研究等方式去获取知识技能，将知识技能加以运用来解决问题、完成任务。课堂教学以生为本，学生是学习的主体，教师引导学生自主探究、合作学习，培养学生独立思考的能力，学生在自主探究或小组合作中运用学过的知识解决问题，生成新知识，从而构建了小学美术教学模式（见图2-1）。

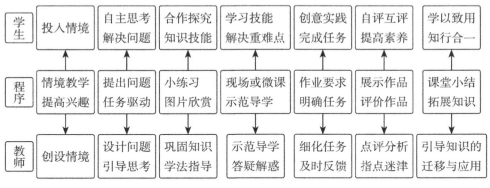

图2-1 小学美术教学模式

参考文献

［1］广州市教育局教学研究室.广州市义务教育阶段学科学业质量评价标准·美术［S］.广州：广东教育出版社，2013.

［2］尹少淳，段鹏.新版课程标准解析与教学指导：美术［M］.北京：北京师范大学出版社，2012.

［3］格兰特·维金斯，杰伊·麦克泰格.追求理解的教学设计［M］.2版.上海：华东师范大学出版社，2017.

［4］皮连生，杨心德，吴红耕.学与教的心理学［M］.5版.上海：华东师范大学出版社，2009.

说课的策略与模式

"说课"就是把自己对课程的理解、对教材的分析、对学情的把握、对教学方法的选择、对教学过程的设想及其理论依据，面向同行、专家或教学研究人员表述的过程。这是一种不同于备课和上课的展现自己教学思想与教学能力的特殊形式。

说课是考验一个教师教学能力的基本功，也是教学创新能力的展示。说课的核心是你能不能设置好情境与基本问题，在你与学生共同的问题思考中，能否有探索、有方法、有创新，能否有个性地表达自己的思考。好的说课是教师在引导学生如何从"学会"走向"会学"的过程。

一、说课的策略

（一）说课要说理

说课要有理论支撑，说理是说课的灵魂。有相关的理念、理论做指导，更具说服力。如《义务教育美术课程标准（2011年版）》对学生提出了哪些技能、能力和人文、科技的要求。

（二）说课要有语言艺术

教学是一种科学的艺术性行为，说课是一门艺术。说课的艺术性，首先是教师语言表达的艺术性。说课语言要干净，言简意赅，句句到位，用自己的情感与吸引人的语言，调动听课者或评委的情绪和思想，感染他人，使听课者或评委产生共鸣与共享的效应。

（三）说课的教学设计模式

说课前，对本课进行精心备课，程序设计模式要简洁明了，最好用图表呈现出来（见表2-2），让评委或听课者一目了然，因此构建了教学设计模式。

表2-2　教学设计模式

课题		学习领域		课时	
单位		执教者		年级	
教材分析					
学情分析					
教学目标	1. 知识与技能： 2. 过程与方法： 3. 情感态度与价值观：				
教学要点	重点：				
	难点：				
教学方法					
教学准备					
教学过程					
教学设计	教学程序	教师活动	学生活动	设计意图	
导入					
课堂发展					
学生作业					
展示与评价					
小结与拓展					
板书设计	课题 精要的核心内容 方法与步骤（图文并茂）				

二、说课的内容

说课的主要内容有以下几个方面：说指导思想、说教材、说学情、说教学目标、说教学重难点、说教学方法、说教学手段、说教学过程、说板书设计等。

（一）说教材

以《义务教育美术课程标准（2011年版）》为指导思想，根据课题和课本内容的范围与深度，说本课教材处于什么年段，属于哪个学习领域（"欣赏·评述""造型·表现""设计·应用""综合·探索"），并做出教材的取舍等处理，明确"教什么"，清晰本单元的知识体系和本课的知识与技能的相互关系，知道"如何教"。

（二）说学情

根据学生的心理特点，联系学生的生活和学生的基础状态，分析学生的学习能力，在此基础上进行学法指导。在教与学的方面，注重引导学生自主探究，合作学习运用已有的知识与技能，迁移到本课，生成新的知识体系，做到"目中有人，教中知情"。

（三）说教学目标

根据教材分析和学情分析，制定本课的教学目标。说清楚你是怎么想的，你如何确定教学目标和教学中的重难点以及你是如何关注核心素养是怎样落实的。教学目标以三维目标制定：

1. 知识与技能

学生通过学习掌握了哪些知识与技能。

2. 过程与方法

学生在学习过程中，运用了哪些方法，学到了什么知识，提高了哪些技能或素养。

3. 情感态度与价值观

在学习过程中，养成了哪些良好的习惯或收获了哪些人文教育。

（四）说教学重难点

根据教学目标列出教学重点和难点。

1. 教学重点

为达到教学目标，要通过哪些学习方法，掌握哪些知识与技能，这就是教学重点。

2. 教学难点

要达到教学目标和掌握知识与技能中难解决的问题，就是难点。

（五）说教学方法

教法是依据美术学科特点运用于教学的一种教学方法。美术教法主要有：情境教学法、问题启发法、讲授法、观察比较法、演示法等；学法主要有：自主学习法、探究学习法、合作学习法、讨论法、练习法等。当然，我们在教学中也会自然生成创新的方法。

（六）说教学手段

教学手段是教师在教学过程中辅助其达到教学目标所采用的工具。如多媒体课件、音乐、图片、微视频、彩色笔、学案等。利用这些辅助性教学手段优化课堂，从而使教学效果更有效。

（七）说教学过程

说教学过程就是说清楚你是怎么教的，你有没有在情境中以问题为导向层层展开你的教学，教学中有没有情境设计、问题的发现、方法与创新，研究中有没有独立思考的解决方法。探究意识：引导学生对问题进行有个性、有深度的思考，有效运用联想及表现技法。评价意识：设置问题有内容的精确评价。说课的教学过程一般说教学环节、教学程序、教师活动、学生活动、设计意图；教学过程中充分本现教师引导学生不断解决问题的过程。

在说各个过程时，也要说出时间的合理分配，然后按教学过程逐一细说。如五年级"奇思妙想"一课：

（1）教学程序：创设情境。

（2）教师活动：多媒体课件播放有代表性的广告微视频，在观看前提出"这广告主题是什么？如果是你，你会怎样设计？"等问题。

（3）学生活动：学生认真观看，看后回答问题或提出问题。

（4）设计意图：创设情境，提高学生学习兴趣。

在说课过程中，我们要把教师的教与学生的学、设计意图说清楚，教学过程要体现核心素养的落实。

（八）说板书设计

在说课过程中，边说边板书，自然流畅。

板书是以文字、图像、线条表格构成的视觉信息，具有科学的系统化、条理化和形象化。板书要紧扣教材，反映教学内容的精要、核心内容，方法与步骤等，既精又活；书写要美观，最好图文并茂。如二年级"有趣的数字"一课，我的板书设计如图2-2所示。

有趣的数字

数字：1　2　3　4　5　6　7　8　9　0

设计方法：花纹装饰、颜色装饰、改变形状装饰、拟人卡通装饰、拟人化装饰

图2-2　"有趣的数字"板书设计

三、结束语

说课是教师在备课的基础上，系统地表达自己的教学设计及其理论依据，反映了教师的教育理念、教学技能、教学风格与教学智慧。说课主要说明教什么、教师怎么教、学生怎么学、为什么这样教等问题，使教学与研究、实践与理论相结合，有利于提高教师的语言表达能力，也有利于提高教师的理论素养和驾驭教材的能力。

▣ 参考文献

［1］方贤忠.说课、备课、评课系列：如何说课［M］.上海：华东师范大学出版社，2008.

［2］周勇，赵宪宇.新课程说课、听课与评课［M］.北京：教育科学出版社，2004.

［3］格兰特·维金斯，杰伊·麦克泰格.追求理解的教学设计［M］.2版.上海：华东师范大学出版社，2017.

［4］皮连生，杨心德，吴红耕.学与教的心理学［M］.5版.上海：华东师范大学出版社，2009.

精心研磨　打造精品课例

——名师工作室提高小学美术教师教学水平的实施与策略

　　课堂是实施教学的阵地，是教学问题解决的源泉，是教学理论产生的故乡，是教师专业成长的土地。自国家和各省份推行新课程改革以来，向40分钟要质量，提高教学质量，上精品课、上好课成为教师的追求，成为学校品质提升的阶梯，成为教师扎根课堂教学、立足课堂、走向成长的必经之路。

　　根据《广州市教育局关于公布新一轮（2018—2020年）广州市基础教育系统教育专家、名校长、名教师工作室主持人名单的通知》（穗教评估〔2018〕21号）要求，为进一步推进广州市教育系统工作室建设，在工作室主持人的带领下，以广州市名教师工作室为小学美术教师专业成长孵化基地，以小学美术教学为纽带，以先进的教育思想为指导，开展"磨课"活动，进一步提升小学美术教师教育教学水平和创新精神，促进小学美术教师专业成长。

　　那么，什么是磨课？磨课的目的是什么？怎样磨课？磨课后，教师有哪些收获？

一、磨课的概念

　　磨课是指教师在先进教学理念的指导下，梳理教材，设计方案，共同探讨，反复推敲，最后生成好课的过程。磨课包括备好课、上好课、评好课。执教者根据平时积累的教学经验和集中工作室成员智慧的课以及上公开课前反反复复地试讲、推敲、修改，精益求精，不断挖掘课程内涵，不断思考怎样提高教学效果。通过这样的磨课活动，最后磨出精品教案和精品课例。

二、磨课的目的

名师工作室开展美术课堂教学磨课活动，是教师在实践中的自我超越：在教学的针对性上超越，在教学的特色上超越，在教学的影响力上超越。磨课也是为了进一步提升小学美术教师教育教学技能和培养小学美术教师的创新精神，促进小学美术教师专业成长。

三、磨课的内容

（一）磨课程标准

课程标准是教学的"圭臬"，是教材编写、教学、评估和考试命题的依据，是国家管理和评价课程的基础。好课是千锤百炼磨出来的，要磨好课，最基本也最重要的一环是磨好课程标准，全面理解课程标准精神。

（二）磨教学目标

教学目标即教学要达成的目标，是师生在教学中预期达到的学习结果。它是教学活动的出发点和归宿。教学目标根据课程标准和教材、学生的实际情况设计。磨课时，对学生的年龄特点、知识储备和实际学习能力要充分了解，面向全体学生，因材施教，制定不同层次的教学目标。

（三）磨教学方法

教学方法是教师为了完成教学目标和教学任务所采用的工作方法。如讲授法、谈话法、启发式教学法、游戏激趣法、情境教学法等。运用多种激励性教学方法，充分调动学生自主、合作、探究学习，激发学生的创新意识和创新思维，培养学生的学习能力，为今后的持续发展打下基础。

（四）磨重难点

教学重难点就是我们课堂教学中最重要的核心内容。教学重难点是根据课程目标的要求划定的，是本课必须掌握的知识点，是教师设计教学过程的主要线索。

（五）磨教学对象

学生是教学的对象，是课堂学习活动的主体，也是我们磨课的出发点和归宿。在磨课中，我们根据学生的理解能力、接受能力、兴趣点、思维广度和深度，运用合适的教学方法和教学手段，让学生轻松、主动地参与学习活动，提高学习兴趣和课堂教学效果。

（六）磨教学流程

教学流程就是教学的程序和步骤，包括教学思路、教法、学法、活动的设计、教学手段的实施、教学重难点的掌握与突破等。要注意教学的总体结构设计以及授课内容各环节之间的过渡和衔接，如：创设怎样有效的问题教学情景，如何进行有效的小组合作学习，如何组织学生自主深入探究、合作学习、解决问题，运用哪些评价体系评价课堂教学中生成的作品，等等。这都需要在磨课中反复斟酌和打磨，尽量做到科学、合理、新颖。

（七）磨教学艺术

教学是一门科学活动，也是一种艺术活动。科学讲究规则，艺术则讲究创造。磨课要不断钻研，不断积累。课堂教学需要艺术的教学方法、教学手段、教学语言等，特别是充满艺术性的语言。课堂语言是一项技能，也是一门教学艺术。

（八）磨教学反思

教师的成长=经验+反思。教学反思是提高教师教育教学水平的一种有效手段。教师每一次磨课后，通过回味、梳理教学环节，进而对教学活动再认识、再思考，对"得"进行归纳，对"失"进行反省，把实践经验提升为理论，才能不断丰富自我、完善自我，实现自身专业化提升。

四、磨课的方法与步骤

教师是研究者，课堂是实验室。我们的磨课是名师工作室成员集体性的备课、上课、观课、议课、反思、总结研讨等一系列活动，需要齐心协力的团队精神和九九归一的团体凝聚力。我们的精品课例打磨主要突出了"三次备课、两次飞跃"。第一次执教者个人备课；第二次磨课后，工作室成员集体观课、议课、备课，实现第一次飞跃；第三次是专家点评，工作室成员集体观课、议课、精备，实现第二次飞跃。以下是名师工作室磨课的做法和步骤。

（一）选定课题

选题很关键，要结合老师的个人教学风格、特长、学科特色、作品展示效果选择课题的内容。

（二）个人备课

备课是教师讲课的依据。小学美术备课一般包括教材版本、班级、学科、课题、课时、学习领域、学情分析、教材分析、教学目标、教学重难点、教学方法、学习方法、教学工具、教学过程等。在磨课前，执教者一定要学习研究课程标准、大纲、教材、教参，收集相关素材，做好学情分析和教材分析，抓住教学重难点，写好教案，做好课件，准备好教学用具。教师认真备课是知识积累和业务水平再提高的过程。

（三）第一次磨课

1. 执教者第一次上课

在名师工作室主持人的组织下，执教者第一次上课。执教者根据教学流程实施课堂教学，执教者在磨课过程中，做到教材理解深刻，教材组织合理，教学思想先进，教学方法灵活，教师功底扎实，教学效果良好。教师充分调动学生的积极性，让学生自主探究，注意培养学生的图像识别、审美判断、交流表达、合作学习、知识运用、创新实践和美术表现等能力。

2. 集体观课、议课、备课

工作室主持人组织工作室成员带着任务认真观课。如A老师主要观察执教者的教态、语言，B老师主要观察执教者问题的有效性，C老师主要观察教学流程和时间的分配，D老师主要观察教学活动的有效性，E老师主要观察学生的参与度，F老师主要观察学生回答问题的有效性。

课后，执教老师进行说课、谈课后感；工作室成员了解执教者的设计意图后，根据各自的听课关注点进行议课，肯定亮点，提出问题，并一起分析问题、钻研教材，最后一起修改教案。

3. 执教者撰写教学反思、修改教案

教师要成长，反思应先行。教学反思是教师教学技能升华的催化剂。执教者上完课后，对自己的整个教学过程进行回顾和反思，将经验、教训和自我体会记录在案。这有利于发现执教者在教学过程中存在的成功和不足之处，为调整教学提供可靠依据，还有助于加深对课程标准的领会和对教材的理解。通过不断反思，还可以将学生在学习过程中的表现进行总结、概括，从而把对学生的理解由感性认识上升为理性认识，可以更准确地掌握学情，为下一步的教学提供借鉴。

通过集体研讨，执教者撰写教学反思、修改教案。

（四）第二次磨课

1. 执教者第二次上课

在工作室主持人的组织下，执教者根据集体备课、修改的教案，进行第二次上课。

2. 专家点评

工作室主持人邀请工作室聘请的专家一起观课、评课。听课后，专家肯定工作室的有效做法，表扬执教者飞跃性的进步，根据执教者上课情况，有针对性地提出问题、分析问题、解决问题。

3. 集体观课、议课、精备

在专家的精心点拨和指导下，工作室成员再次研讨，在前次教学的基础上进一步肯定执教者的特色，对教学设计进行局部修改，进一步完善教学方法，形成最终磨课的精备。

4. 执教者撰写教学反思、完善教案

执教者通过第二次磨课和专家的点评、团体的研讨，再次撰写教学反思，修改完善最终精备教案。

（五）展示精品课例

执教者根据修改完善的最终精备教案，向全区展示磨出的精品课例，展现工作室团队的智慧和创新，展示执教者的教学技能和专业水平。

五、磨课反思

教学反思是提高教师教育教学水平的一种有效手段，正如叶澜教授所说："一个教师写一辈子教案难以成为名师，但如果写三年反思则有可能成为名

师。"反思自己的教学行为，总结教学中的得失和成败，对整个教学过程进行回顾、分析和审视，才能不断丰富自我、完善自我。

磨课后，执教者撰写总的教学反思，做好理论提升，在反思中改进教学，扬长避短，从而促使自己不断提升教学水平，促进今后教学的进一步开展。我构建了"1+3+1"磨课反思模式（见下例），以便工作室成员总结、反思、提升。

精心研磨　打造精品课例
——"××××"磨课

（一）最终的教学设计（用表格）

（二）磨课过程

第一次磨课	成功之处	
	不足之处	
	改进设想	
第二次磨课	成功之处	
	不足之处	
	改进设想	
第三次磨课	成功之处	
	不足之处	
	改进设想	

（三）磨课反思（总的教学反思）

六、磨课的收获

（一）磨出了浓厚的教研氛围

名师工作室开展磨课教学，给工作室成员提供了一个互动交流的平台，给予执教者充分展示自我和锻炼成长的机会。工作室成员参与观课、议课、备课、磨课过程，积极性被充分调动起来。执教者课前积极准备，课堂上充满活力地引导学生自主、探究、合作学习，进行精彩的展示；工作室成员认真记录、整理观课笔记，课后认真、仔细地议课，集体备课。每位工作室成员充分发表见解、观点，努力打磨教学的每一个细节，磨出了浓厚的教研氛围。

（二）磨出了教师的教学水平

磨课，磨了备课、上课、观课、议课、反思等环节，锻炼了每一位工作室成员。在一次次磨课与反思中，磨出了教师创新思维的火花，磨出了教师把握教材的深度，磨出了教师提升教材的高度，磨出了教师合作交流的默契，使教学更加完美，更有价值，磨出了精品课例。因此，磨课反复不断地推敲和创新，质量螺旋上升，使工作室成员在磨课中产生新方法、新理念，提高了教师的教学水平。

（三）磨出了教师的创新精神

教学是具有创造性的艺术，磨课正是这种创造性呈现的过程。在磨课的过程中，为了使听课的学生、教师不感到乏味，教师必须对教材有所创新，因此，工作室成员在备课时要收集丰富的资料，每一次修改教案都要加入创新元素。议课时，工作室成员是从自己的角度提出新颖、独特的见解，在研讨中思想的碰撞更能擦出创新的火花，合理的借鉴又是创新的开始，在执教者的课堂展示中处处彰显创新的元素。

（四）促进了教师专业成长

参与磨课的每一位工作室成员都非常认真、仔细、小心、专注，执教者精心选课、备课、反思。在磨课过程中，执教者和参与磨课的教师查阅上课素材、学习课程标准和新的教育理论，不断磨炼自己，使自己的教学技能和教学水平快速提高。

名师工作室以课堂教学为纽带，以先进的教育思想为指导，立足教学，开展磨课活动。通过精心磨课，集工作室成员的智慧和力量，对课堂教学进行有主题的观察、分析、诊断。通过集体观课研讨、教学反思、教学问题改进，优化课堂教学，打造精品课例，进一步提高了教师教育教学水平，培养了教师的创新精神，促进了教师专业成长。

参考文献

［1］杨力.义务教育美术课程标准解读［M］.北京：北京师范大学出版社，2012.

［2］尹少淳，段鹏.新版课程标准解析与教学指导：美术［M］.北京：北京师范大学出版社，2012.

［3］张仁贤，臧家志.好课是磨出来的［M］.北京：世界知识出版社，2014.

［4］朱永新，袁振国.中国教师：专业素质的修炼［M］.南京：南京师范大学出版社，2003.

［5］张仁贤，马培青，逄凌晖.名师带徒弟的100条秘诀［M］.北京：世界知识出版社，2014.

（此文2020年3月发表于《新课程》）

游戏激趣　示范导学

——低年级水墨画教学策略

在二（5）班学习国画"自由的鱼儿"美术课上，学生在练习，老师在巡堂，一同学举手叫老师过去，手指着旁边同学的画说："老师，你看，他还是画得水汪汪的。"被指着的那位同学红着脸，用手遮着画羞涩地说："我不会画。"

二年级的学生接触水墨画比较少，水分难以掌握，所以他们对于水墨画的学习也是从零开始。因而老师在教学中通过游戏激趣、示范导学的教学方法，调动他们的学习热情。老师在设计笔墨游戏时应充分挖掘他们的优点，使学生在游戏过程中感受、体验，在愉快的游戏氛围中和老师的示范导学下逐渐发现、掌握基本的使用笔墨方法。

解决问题一：游戏激趣

爱因斯坦有句名言："兴趣是最好的老师。"兴趣可以激发人的自身潜力。学生活泼好动，对任何事物都有特殊的感受力和无穷的想象力。只有让学生对活动感兴趣，他们才乐于参与。在水墨画教学过程中，我们用游戏形式来激发孩子的学习兴趣，将游戏贯穿于活动始终。教师在设计笔墨游戏时应充分挖掘他们的优点，使学生在游戏过程中感受、体验，在愉快的游戏氛围中逐渐发现、掌握基本的笔墨方法。于是我参考儿童水墨画，在学生身边寻找熟悉而有趣的事物，编写了学习内容，以培养学生的学习兴趣。比如，我设计的课程内容是画樱桃、荔枝、枫叶、蜗牛、瓢虫、鱼这些身边熟悉而简单的动植物。教师在教授这些内容时，充分利用图片、教师课堂示范的魅力，加入一些笔墨小游戏，从而提高学生的学习兴趣。如在学习"蜗牛"一课时，我"不小心"在宣纸上落了一滴墨，同学们窃窃私语，我问："怎么办呢？"有热心的同学拿着自己的宣纸递给我："老师，用我的吧。"我微笑着说："非常感谢这位热心的同学，但我不想浪费这张宣纸，大家帮我想想办法好吗？"同学们纷纷发表自己的意见，我眼珠一转说："我有办法了。"我拿起笔用淡墨在点外顺势加了一个圈和身体，等墨半干后，用浓墨画触角、眼睛、嘴巴（整个过程，我特意放慢速度，笔尖在练纸上理顺、试色，边示范边讲解，整个过程非常清晰，孩子们边看边听，非常认真），一只可爱的蜗牛呈现出来了，顿时叫好声、掌声响成一片，在课室里久久地回荡。同学们觉得太奇妙、太不可思议了！借此，我鼓励同学们大胆尝试，大胆地在练习中玩水墨。

解决问题二：示范导学

练纸、笔尖的水分是中国传统绘画技法的精髓。我认为，过多的技能教学反而束缚了学生的创作欲望，太多的程式让学生望而生畏、不敢动笔。因此，游戏的方式可以引导学生在无意中感受到水墨的变化。具体到教学层面，学生的用笔要完成以下两个任务：

（1）大部分二年级学生刚开始接触水墨画，所以学生有畏难情绪。在学习过程中，老师要求每位学生桌上要放一张练纸，学生运用练纸掌握笔墨的水分和墨色，用比较的方法，更加生动、形象地掌握方法，让学生大胆下笔，减少水汪汪的现象。如"荔枝"一课，画荔枝的叶子时，我拿出两位学生的作品展示，让同学评评哪张好。一张是用练纸试墨色、理顺笔尖后画的一片叶子，一张是一片水汪汪的叶子（因水分太多，宣纸一下吸不了那么多水），我问："你们喜欢哪一片叶子？为什么？"有些学生马上反应过来，站起来说："第一片叶子好，第二片叶子水汪汪的，太难看了！"我问："怎样才不会画成水汪汪的叶子，谁来演示一遍？"大胆的学生站在讲台上认真地示范起来，还边示范边解释，"小老师"赢来台下一片掌声！通过比较和学生的演示，给学生以更深刻的印象，从而感受到练纸、笔尖水分、笔墨运用的重要性。

（2）唐代张彦远在《历代名画记》里说道："夫物象必在于形似，形似须全其骨气，骨气、形似皆本于立意，而归乎用笔。"用笔和用墨是分不开的，所以称为笔墨。用墨好，皆由于用笔。笔墨方法练习是水墨画学习的重要内容。小学水墨画教学中，我鼓励学生运用笔线的水墨成分（含量）变化，着力用线条"编织"成具有个人审美意义的平面结构形象，也就是平面特征的线（水分、墨色构成的不同线形）。如"自由的鱼儿"一课，我边示范边讲解：用侧锋蘸淡墨画鱼背，用中锋蘸浓墨画鱼肚子，用侧锋蘸重墨画鱼鳍和鱼尾，用中锋、侧锋蘸浓墨画线和点为花纹装饰鱼身。我示范后，还请个别学生说说自己的看法。在学生练习过程中，我提醒他们注意墨色与笔锋的变化，鼓励他们大胆创作。笔锋与墨色的变化使鱼儿栩栩如生，充满了笔墨情韵。

低年级的水墨画教学，教师应通过游戏激趣、示范导学的教学方法，使学生在玩笔墨的过程中，通过自主尝试练习，对各种笔墨、色彩间的关系以及疏密关系等知识有一定的了解，感受到水分的多少对画面效果产生的影响，欣赏自己的劳动果实，享受墨色带来的神奇有趣的游戏。学生在愉快的游戏氛围中逐渐发现、掌握基本的笔墨方法，提高了兴趣，培养了创新思维能力。

参考文献

［1］广州市教育局教学研究室.广州市义务教育阶段学科学业质量评价标准·美术［S］.广州：广东教育出版社，2013.

［2］刘争鸣.构建儿童水墨画世界［J］.画刊（学校艺术教育），2012（5）.

（此文2015年7月发表于《华夏教师》）

微课在水墨画教学中的应用

一、引言

我所在学校以水墨画为特色，在美术课堂中，如何提高学生学习水墨画的兴趣，并持之以恒地喜欢学习水墨画，是我们在寻找的教学关键点。学生喜欢水墨画，但作品效果不佳，导致学生失去学习的耐性。美术课堂中，教师笔墨示范的关键步骤、用笔用墨的关键点如何才能让每位学生都看到，更好地学习水墨技能呢？微课的应用能很好地解决上述问题。本文探讨如何利用微课提高水墨画课堂教学的有效性。

二、微课在水墨画教学中的优越性

微课是指在教学设计理念的指导下，使用多媒体技术在5～10分钟之内呈现一个知识点或重难点并进行针对性讲解的微音频或视频。在课堂教学中，微课所展示的内容呈"点"状、碎片化。微音频或视频，可以是一节课的引入，也可以是一个知识点、重难点、延伸或是示范导学等技能方面的讲解与示范。微课的特点是时间短、灵活度高、有侧重点、交互性强。微课有利于学生调控学习节奏，通过微视频片段集中学生的注意力，自主探索和构建新知识。微课不受地点、时间限制，可以让学生通过教学平台，使用手机、MP4等视频移动终端反复播放微视频学习，提高学习效率，提升知识技能，开阔知识视野，深化知识建构，提高教学的有效性。

（一）微课精简

微课主题突出，内容精简，更有利于辅助教师目前的教育教学。在教学中，教师只需要将一个知识点做成一个微视频，将知识点的视频长度压缩到5～10分钟之内。如要教墨色技能时，就只需示范墨色，不再添加其他的内容。内容精简，学生更容易理解和掌握知识点。

（二）微课容量小

微课音频或视频及配套辅助资源的总容量一般在几十兆左右，音频或视频格式一般是支持网络在线平台播放的流媒体格式（如wmv，rm，mp4，flv等），教师和学生都可以流畅地在网络平台观摩微视频，学习教学设计、教学课件等教学辅助资料。微课也可以灵活方便地下载保存到终端设备（如手机、MP4、笔记本电脑等），随时随地学习。

（三）微课便于携带

微课便于携带，有利于在互联网和移动设备中传播，有利于教师之间教学方法的分享和教学经验的交流，自主空间很大，不受时间和地点的限制，想学习就学习。微课适合不同的学生，能让学习基础和接受程度不同的学生自主控制视频的快慢。知识难理解的部分还可以重复播放，使接收能力比较慢又不敢大胆提问的学生能够从容地学习，较好地解决了知识与技能问题。它还便于随身携带，随时随地学习。教师在水墨画的课堂教学中，要准备的教具有宣纸、墨汁、毛笔、中国画颜料、调色碟、洗笔等，繁杂、琐碎，如果利用微课示范导学，就可以轻装上阵了。

（四）微课吸引注意力

微课有声有色，既生动又有活力。微课突出重点，强化难点，力求直观、形象、简洁、生动。微视频所呈现的内容是教学中的知识点、重难点，延伸或导学示范内容，是吸引学生眼球、引起学生特别重视的内容，它还可以通过增加注释、关键知识点的放大特写以突出重点知识。微视频吸引学生注意力的地方还有教师在微视频里讲解的声音，教师语言精练、措辞精准，有感染力、有激情地讲解会吸引学生的注意力，使学生拥有更高的学习效率。例如，在水墨画教学过程中，教师边示范边讲解，这样能让学生更好地掌握绘画技能与方法。

三、微课在水墨画教学中的实践探索

微课按照课堂教学方法来分类，根据李秉德教授对我国中小学教学活动中常用的教学方法的分类总结，同时也为便于一线教师理解，实践开发的可操作性，初步将微课划分为十一类，分别为讲授类、问答类、启发类、讨论类、演示类、练习类、实验类、表演类、自主学习类、合作学习类、探究学习类。在水墨画教学中，我灵活应用微课提高课堂教学效果。

（一）利用微课导入，吸引学生的注意力

教师根据新课知识点或重难点创设有价值的思考题，为新课解决重难点做好铺垫制作此微课。在上课后先让学生观看此视频，吸引学生的注意力，激发学生自主探索的求知欲。如"美丽的荷塘"一课，我创设情境，运用《水墨荷花》动画导入课堂，学生带着"画面主题是什么？运用了什么表现形式？（A. 蜡笔画　B. 水粉画　C. 水墨画）"的问题观看动画。学生喜欢看动画，美丽、动感的水墨荷花吸引了学生的注意力，他们马上投入课堂中。

（二）利用微课强化知识点，解决重难点

教师对一节课的知识点或重难点做点拨，在学生自主探究或合作探究后一起观看探究学习性的微视频。短短几分钟的微视频生动形象地把知识点或重难点呈现出来。学生直观、形象地掌握了知识点，解决了重难点。如"给树爷爷画像"一课，我利用40秒的微课视频示范浓淡、粗细的水墨线条，学生在动脑、动手中探究与体验，获得水墨线条的基本知识，初步感受水墨线条，了解墨色的浓淡、线条的粗细变化。这样有利于解决本课难点，激发学生的学习兴趣。

（三）利用微课示范导学，提高教学效果

微课的核心是教师传授知识，学生自主学习。学生是主动建构者，微课不仅能体现以人为本的教学理念，而且能体现学生的主体地位，让学生体会到自主学习的快乐，体验到获取知识过程的愉悦。

2016年4月27日，我参加广州市基础教育系统新一轮"百千万人才培养工程"小学名教师培养项目（第二批）的赴肇庆端州睦岗中心小学示范带学活动时，上了一节二年级的"大花瓶"水墨画美术课。"大花瓶"是岭南美术出版社出版的义务教育课程标准实验教科书小学美术第四册第二单元第13课。对于端州区睦岗中心小学的学生来说，第一次用水墨画的形式表现青花瓷有一定难度，所以我让学生看微课示范如何画青花瓷。我把示范绘画的过程做成微课，边示范边讲解，学生全神贯注地观看示范，认真倾听讲解。在微课中，教师示范的关键步骤、用笔用墨的关键点有放大功能，不管坐在哪里的学生都能看到示范过程，让学生都有信心学好水墨画。从展示的作品可以看出，100%的学生掌握了基本技法。学生在宣纸上自由挥洒，表现出水墨的干湿浓淡、线条的粗细变化，在水墨交融中抒发笔墨情韵。

我恰当地使用微课视频示范导学，令本堂课的目标有效达成，提高了课堂教学的有效性。

无微课教学与有微课教学的课堂教学效果对比如图2-3所示。

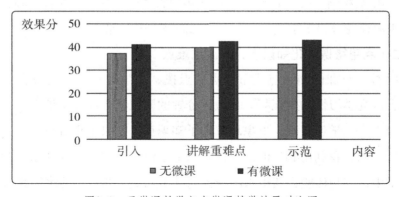

图2-3　无微课教学与有微课教学效果对比图

四、结语

在水墨画的课堂教学中，教师通过灵活应用微课，让学生在欣赏、观察、思考中较好地掌握水墨知识与绘画技能，提高水墨课堂教学的有效性，这样能起到优化课堂结构、增强课堂凝聚力，提高学生学习效率、造型能力、概括能力及水墨素养的作用。

参考文献

［1］马九克.微课视频制作与翻转课堂教学［M］.上海：华东师范大学出版社，2016.

［2］中华人民共和国教育部.小学义务美术教科书［M］.广州：岭南美术出版社，2012.

［3］尹少淳，段鹏.新版课程标准解析与教学指导：美术［M］.北京：北京师范大学出版社，2012.

（此文发表在《教育信息技术》2017年第7期）

运用信息技术优化美术课堂教学

近年来，随着现代信息技术的推广，运用信息技术辅助教学已经成为课堂教学的一种有效手段。《美术课程标准解读（实验稿）》指出："有效地使用多媒体教学手段为学生理解美术、表现美术、创造美术、表现自我提供了一种充满乐趣和信心的途径，从而使美术教学更为生动活泼。"在课程持续改革的今天，教师运用现代信息技术对教学活动进行创造性设计，发挥信息技术辅助教学的特有功能，把信息技术和美术教学的学科特点结合起来，可以使教学的表现形式更加形象化、多样化、视觉化，有利于揭示美术概念的形成与发展，展示美术思维的形成过程，使美术课堂教学收到事半功倍的效果。特别是在小学美术教学中，运用多媒体课件等电子化教学手段，让学生能亲耳聆听，亲眼看见，亲身感受，能充分调动学生的积极性，激发学生的求知欲，拓展学生的想象力，从而优化课堂结构，使美术课堂教学更为生动活泼，提高学习效率和教学效果。

在美术课堂教学中，应根据教学内容恰当地运用信息技术进行辅助教学，为学生提供更为丰富的美术学习资源，营造愉悦的课堂氛围，激发学生的学习兴趣，充分调动学生自主、探究、合作、创新的积极性，使美术课堂教学更为生动活泼，从而优亿美术课堂教学。

一、运用信息技术简便快捷地获取知识，丰富教学资源

美术课中需要运用大量直观、形象的音图进行辅助教学，多媒体备课正好满足了这一需要。美术课由于其审美性的特点，要求给学生提供大量、有价值

的欣赏与审美经典资料，教师的授课过程又要让学生看得清楚，具有欣赏性，有些风景与现场环境希望能给学生带来身临其境的直观感受，而多媒体备课能较好地实现这一目标。这些量大、涉及面广的教学材料能通过计算机技术很好地集成在一起，通过多种视听为主的设备让学生体验线条、色彩、形体、音乐、场景等外在形式美，也能让学生从中体验情感、体验创造，大大激发学生的学习兴趣，从而达到辅助教学的目的。比如六年级下册第五单元"神州大地之旅""亚洲大陆之旅""欧洲大陆之旅""非洲大地之旅""美洲、大洋洲之旅"，教师以"欣赏·评述"学习领域为教学方式，以"欣赏·评述"世界文化遗产之旅为内容主线。课前，按洲分组收集资料；课中，学生分组介绍各大洲的世界文化遗产。学生用U盘拷贝各地区有代表性的建筑图片、文字介绍内容，有的还有视频加语音介绍，他们收集的资料丰富，介绍的内容详细，因而分享的内容更具体、更丰富。教师在评价中问道："你们组收集的资料非常丰富，讲得很详细，分析得很透彻，是怎样做到的？"学生纷纷说："我们在网上输入要查找的资料，搜索一下马上就有了。"

计算机信息资源十分丰富，它既方便又快捷，既高效又准确，让同学们获取更简便快捷的教学资源，为学生提供丰富的学习材料，有助于培养学生通过获取信息、处理信息、表达信息来发现问题，利用资源探究来解决问题的能力。教师引导学生主动参与，亲身经历知识的形成过程，可以培养学生对知识的探究、钻研精神，提高学生自学能力、计算机操作能力以及创新能力。

二、运用信息技术创设情境，促进学生积极、主动探求新知

学生是学习的主体。运用信息技术，立足于学生的学，为学生的学习创设情境，让学生有更多的参与机会和参与行为。多媒体计算机集文字、图形、动画、视频、声音等多种信息手段于一身，融视、听、动觉为一体，极大地刺激了学生的感官，有利于集中学生的注意力，激发学生浓厚的学习兴趣和求知欲。如二年级"大花瓶"一课，课件出示青花瓷花瓶的图片，学生边看边思考："青花瓷花瓶的特点、装饰纹样、色彩有哪些类型？"学生带着问题认真欣赏，在图片中寻求答案。学生在欣赏中了解青花瓷花瓶的形状、装饰纹样、

色彩等。如花瓶的特点：左右对称；装饰纹样：动物、人物、花鸟、山水、线条花纹；色彩：白色的底，蓝色的花。通过欣赏分析，学生感知青花瓷的特点和青花瓷的审美价值，增强民族自豪感和保护文物的情感，并学会积极、主动地探求新知。

三、运用信息技术制作微视频，突破教学重难点

教学中的重点、难点，如果只通过简单、枯燥的讲述，很难在学生头脑中形成清晰的认识。运用信息技术，借助微视频示范，根据教学内容的不同，再现情境，短短几分钟的微视频生动形象地把教材、知识点或重难点呈现出来，让学生直观、形象地掌握了知识点或解决了重难点。如"给树爷爷画像"水墨画一课，教师利用40秒的微视频示范浓淡、粗细、曲直的水墨线条，加上娓娓动听的语言启迪，从而解决了本课重点，突破了难点，学生在得到美的熏陶和滋润的同时，积极、主动地探究掌握新知。

运用微视频示范，既突破了重难点，又快捷、省时，教学效果好。

四、运用信息技术丰富想象力，激发创新思维

要培养思维的独刽性，首先要培养学生的想象力。教师可利用现代教育技术的多种手段激发学生丰富的想象力。在教学中，多媒体教学的图像、动画、影像、声音使教材更为生动形象，使得凝固在教材中的静态美升华为动态美。既可将教材中蕴含的意境美、音乐美、艺术美充分表现出来，又刺激学生的生理感观，调动审美主体的心理功能活动，从而产生强烈的美感效应，激发学生丰富的想象力和创新思维。如四年级"模仿画家画一画"一课，教师运用《毕加索创作作品》的一段微视频，从观看毕加索的创作过程中，开阔学生的视野，启发学生的创新思维。

在观看微视频前，教师提出问题1：毕加索的创作过程给你什么启发？（学生在观看过程中不断发出疑问："他是画仙人球还是画花？""不对，是画鱼！""也不对，像公鸡呢！"有学生激动地站起来说。这时，大家开心地说："啊，原来是鸡！""看，毕加索也是用点线面装饰的。"有学生找到与

画家的共同点，得意地笑着说）

看完后，学生特别激动，把小手举得高高的，教师请了其中几位来说。

生1："我一开始以为他画仙人球，原来他画的花，后来又变成了鱼，跟着变成了公鸡，他的创作过程中，思维是不断变化的，很有创意！"

生2："毕加索的想象力很丰富，他的画那么抽象，原来是这样创作出来的，太神奇了！"

……

问题2：如果你模仿他的人物头像画，会保留什么特点，有哪些联想？

生1："我要学习他抽象的风格，自己创作一幅人物画！"

生2："我想模仿他《梦》的作品，色彩和点线面的处理太好了！"

生3："毕加索的画抽象，色彩丰富，也是运用点线面装饰的，我也要学他！"

"问渠那得清如许，为有源头活水来。"通过这个有趣的微视频，毕加索丰富的想象力和灵动的创作过程，启发了学生的创作灵感，使学生的主观能动性得到发挥，促使学生积极大胆地创作，极大地启发学生的思维，让其思维处于活跃状态，创造潜能得以发展。

多媒体把丰富多彩的生活带进了课堂，拓宽了学生视野，拓展了学生思维，同时也培养了学生的观察能力和再创造能力。

五、运用信息技术提高学习效率和教学效果

《义务教育美术课程标准（2011年版）》提出"以人为本的科学发展观"作为义务教育课程标准研制的指导思想，也是该标准设计思路的起点。如在二年级的美术课"大花瓶"水墨画一课中，对于二年级的学生来说，第一次用水墨画的形式表现青花瓷有一定难度。一开始，教师运用动画沙画的形式导入，大大地激发了学生的学习兴趣。学生体验用水墨画青花瓷前，通过观看微课示范，学习画青花瓷；教师把示范绘画的过程做成微课，边示范边讲解，所有学生全神贯注地观看示范，认真倾听讲解；教师示范的关键步骤、用笔用墨的关键点有更大的放大功能，不管坐在哪里的学生都能仔细观察示范过程。从学生

展示的作品可以看到，100%的学生掌握了基本技法。

总之，在美术课堂教学上，运用信息技术向学生快速简便地提供丰富多彩的集图、文、声于一体的信息资源，为学生创建了合作交流、主动探索的学习氛围，为学生对美术的理解、表现、创造等提供了展示信心和智慧的通道，使美术教学更为生动活泼、丰富多彩，优化了课堂教学，提高了学习效率和教学效果。

参考文献

［1］广州市教育局教学研究室.广州市义务教育阶段学科学业质量评价标准·美术［S］.广州：广东教育出版社，2013.

［2］尹少淳，段鹏.新版课程标准解析与教学指导：美术［M］.北京：北京师范大学出版社，2012.

创设情境　在课堂中培养学生的思维能力

一年级"雪孩子"一课，当学生读课题时，就提出这样的疑问："张老师，我没看过下雪。下雪是怎样的情景？""张老师，我想画打雪仗，但打雪仗的动作是怎样的？我不会画。"

因此，在美术课堂教学中，教师需要创设情境，让学生在情境中感受学习内容，把学习变得灵动、情境化，调动学生的积极性和自主性，启发学生的思维。

一、创设视听情境，启发学生的想象力

情境教学法是指在教学过程中，教师有目的地引入或创设具有一定情绪色彩的、以形象为主体的生动具体的场景，以引起学生一定的态度体验，从而帮助学生理解教材，并使学生的心理机能得到发展的教学方法。情境教学法的核心在于激发学生的情感，启发学生的想象力和形象思维，从而优化课堂教学效果。

对于小学的美术教育来说，我们在教学中不能完全用说的方式进行教育，学生本身具有丰富的情感和丰富的想象力，因此，小学美术课堂教学应营造浓厚的课堂氛围，创设视听情境，运用多媒体的灵动性和直观性，声情并茂地吸引学生的注意力，激发学生的联想，从而提高学生的创新思维。如四年级"美丽的荷塘"一课的导入部分，教师在动听的《琵琶语》古筝音乐中引领学生欣赏荷塘景色，学生边欣赏边思考："荷花造型、色彩以及叶的形状是怎样的？"视频从大片的荷塘远景到清晰的一朵朵荷花近景，将荷塘美景呈现在学

生的眼前，在音乐中，学生仿佛置身于荷塘中，感受到荷塘的意境美、荷花的形态美。学生争相发言。（生1：荷花的花瓣阔大、瓣头带尖；色彩有红、白、粉红；叶是圆盘形。学生汇报时，教师画出荷花和荷叶的形状。生2：我看到的荷花有绽放的、有半开的，还有含苞欲放的，荷塘的景色美丽极了！生3：我看到了古人写的"出淤泥而不染"的荷花）

教师创设视听情境，学生在欣赏中进行了美的陶冶，提高了学生的观察力和想象力，培养了学生热爱大自然的情感。

二、创设体验情境，激发学生的创新思维

体验式教学就是让学生扮演与课堂教学内容相吻合的角色，通过扮演体验教学内容角色的动态或情感，理解和感悟教学内容。创设体验教学情境能有效地解决一些单靠教师直接讲解和从没接触过的教学内容。体验教学可以调动学生的参与热情和学习主动性，使其如身临其境，获得真实感受，这有助于将模糊的知识趣味化，抽象的理论具体化。如学生提出这样的疑问："张老师，我想画打雪仗，但打雪仗的动作是怎样的？我不会画。"老师说："我们刚才在音乐中感受到美丽的雪景，我们现在假设在雪地上，大家试一试打雪仗和堆雪人怎么样？"大家欢呼而上，老师让学生以小组为单位假设在雪地上玩各种各样的游戏，如滚雪球、打雪仗、堆雪人、滑雪等，学生在体验中观察同学们打雪仗、堆雪人的动作和情境，体验玩雪的乐趣。

教师通过创设体验情境教学，让学生自主探究打雪仗、堆雪人的动态。体验情境虽然是虚拟的，但由于情境来源于实际生活，所以也能让学生感受到真情实感，学生很快就会理解和感悟打雪仗的动态及堆雪人的情景。

三、创设语言情境，发现学生思维的兴奋点

语言描绘有激昂雄浑、温柔委婉、典雅端庄、机智风趣、绮丽繁丰、质朴清新等类型。新课程从其目标定位出发，强调创设有利于学生积极参与的教学环境，鼓励学生独立思考、主动学习、合作交往与动手实践。

语言交际如果离开情境与实践，就像鱼无缘于水。情境教学十分讲究直

观手段与语言描绘的结合，在"小动物和妈妈"一课中，教师播放《小蝌蚪找妈妈》视频，教师旁白，请一位同学扮演小蝌蚪，多名学生扮演小蝌蚪遇到的动物妈妈，他们之间进行对话交流。这样创设语言情境，师生扮演角色对话表演，直接导入课题。学生在读图对话表演中，会读图、读懂图，并能用语言表达图意。学生在角色扮演对话表演中全身心地投入，体验了小蝌蚪找妈妈的艰辛历程，也感受到小蝌蚪找到妈妈的快乐心情。一开始举手扮演其他动物妈妈的同学并不多，当1～2位同学扮演角色对话后，很多同学都踊跃参与对话，学生非常兴奋，恨不得自己就是小动物妈妈！这样有利于提高学生的学习兴趣和图像识读能力、文字理解能力、表述能力，初步培养学生的合作意识和合作习惯。作品展示与评价时，教师用充满感情色彩的语言描绘学生丰富多彩的作品，语言描绘提高了感知的效应，激发学生的视觉等感官，加深学生对知识的理解，提高学生学习的有效性。

学生是学习的主体，教学应立足于学生的学。情境教学注重学生在学习活动过程中的体验和感受，通过视听情境、体验情境、语言情境的教学方式，学生带着疑问自主探究解决问题，主动获取知识、应用知识。情境教学有助于启发学生的想象力，激发学生的创新思维，在课堂中培养学生的思维能力。

参考文献

［1］薛云.优化情境创设，提升课堂效能［J］.内蒙古教育，2016（8）.

［2］王宁.浅谈情境教学在中学语文教学中的运用［J］.课程教育研究，2012（31）.

［3］潘兴亚.情境教学法在小学美术欣赏课程中的应用［J］.课程教育研究，2019（22）.

［4］尹少淳，段鹏.新版课程标准解析与教学指导：美术［M］.北京：北京师范大学出版社，2012.

多元评价　促进学生的创新思维发展

百年大计，教育为本；国家兴盛，教育为先。教育的目的是传授知识，更重要的是培养学生的创新精神。美术课堂教学，培养学生的创新精神至为重要。

德国著名教育家第斯多惠说："教学的艺术不在于传授本领，而在于激励、唤醒和鼓舞。"教师在教学中要尊重个性差异，运用多元化评价方式，引导学生想学、敢想、敢说、创新的精神，唤醒学生对知识的渴求，帮助其养成良好的学习习惯，激发学生创新精神和实践能力，提高学生自主学习、自主教育的兴趣，从而得到发展和提高。

《美术课程标准》指出：美术评价的多维性和多级性要求建立课堂教学的"全程式"评价。所谓"全程式"评价，即是把教学评价贯穿于课堂教学的全过程，从而提高学生美术素养。教学中，教师运用多元化评价方式，多关心、多留心、多提问、多表扬、多鼓励，肯定学生的点滴进步，给予及时的表扬和鼓励，让学生在看到别人的成功时，也看到自己的成长，帮助学生认识自我，建立自信。

一、课堂行为评价，养成良好的学习习惯

立德树人，育人先育德。世界上最可怕的力量是习惯，世界上最宝贵的财富也是习惯。好习惯是一个人终身的财富。可见，小学生养成良好的学习习惯尤为重要。要让学生学会学习，必须培养良好的学习习惯；凡是从小就形成了良好学习习惯的学生，学习成绩一定会优秀而稳定。

因此，教师在课堂上，要关注学生的课堂行为，对学生的课堂行为及时给

予肯定或纠正，唤醒学生对知识的渴求，培养学生良好的学习习惯。对学生而言，他们十分在意教师对自己的肯定——一个鼓励的眼神，一句赞赏，善意的微笑，轻轻的点头，竖起的大拇指，轻拍肩膀，抚摩一下头，等等。教师的每一个举动都影响学生的心理和行为变化，有可能影响学生的一生。

（一）激励性语言评价，启发积极性思维

语言评价包括口头评价和书面评价两种。教师对学生的口头评价是评价方式中最直接、最快捷、使用频率最高、影响最大的一种方式，特别是当众口头评价。富含激励性的语言评价更能调动学生探究的积极性，启发学生内在的潜能和活跃的思维，使学生带着愉悦、自信的心态参与学习活动。例如，在欣赏美术作品的过程中，学生能用美术术语表达观察到的事物和自己的感受时，教师可以说："你观察得非常认真，说得真好！""你说的跟画家的想法很贴切，你能理解这幅画的含义，真棒！"教师的激励性语言评价，会像一股春雨滋润学生的心田，使学生树立自信心。当然，在学生的回答不恰当时，教师要委婉地给予纠正和鼓励，如："你能大胆地说出自己的感受，非常好。再想想，有没有另一种可能呢？"此时，教师更需保护学生的思维积极性，这样的评价不会打击学生的积极性和挫伤学生的自尊心，而是更易于让学生接受，能激励学生继续探究。

（二）肢体语言评价，提高教学效果

肢体语言就是通过身体的动作与接触而进行的感情交流，它是通过我们的动作、手势来表达出一种感情和行为意愿。针对小学生的年龄特点和心理特点，运用肢体语言进行教学和评价能充分地调动学生的各种感官，激发学生学习的兴趣。

在教学过程中，当学生坐不住或开小差时，教师轻轻地走过去，轻拍学生的肩膀或抚摩一下他的头，学生就会马上坐好，集中精神听课。当学生回答问题答错了，教师一个鼓励的眼神、善意的微笑等可以从心理上消除学生紧张和不安的情绪，安抚和鼓励学生，使其在学习中不气馁，这股暖流会激励学生更加努力。相反，如果教师表情很严厉，一脸的不高兴，这样，学生就会产生恐惧感，不敢再举手回答问题，怕说错，对学习也可能会逐渐丧失兴趣。长此以往，他们就会失去创造和表现的欲望。当学生的作品非常新颖、有创意时，教师把他的作品展示出来，在其他同学面前表扬他，或者竖起两个大拇指，或者给他一个大大的拥抱，都会让学生乐开花，有利于激发学生的创新思维。

由此可见，教师在教学过程中恰当地运用肢体语言这种无声的评价，能够牵动学生的心，深深地吸引学生，激发学生的创新思维和表达欲望，拉近教师和学生的距离，有效地调节课堂氛围，起到"无声胜有声"的教学效果。

二、作业评价激发学生的创新思维

美术作品评价是对学生进行创新思维培养的一个重要环节。在教学中，采用多元评价模式，如自评、互评、师评。学生在自评和互评中勉励共同发展；师评既要面向全体学生，又要针对不同学生在动手能力、认知、心理上的差异，采用不同的评价标准，充分尊重学生的个性，承认每一个学生都是独一无二的，都有获得成功的可能。只有这样，学生的创新意识和创新能力才能得到培养和锻炼，才能促进学生的全面发展。

（一）自评

自评就是让学生自己评价自己。学生每次完成作品后，教师都组织学生进行展示与评价，这也是学生非常喜欢的事情。学生想象丰富，有很强的创意性，他们用自己童真的语言表达对美的渴望、对生活的理解。在气氛热烈的交流中，学生按教师对构图、色彩、情趣所定的标准进行自我评价，一方面能检验学生对本课知识的理解；另一方面他们把自己绘画作品的想法说出来，让其他同学了解作品所表达的含义，也锻炼了语言表达能力。其他同学在观看和倾听中，观察力、注意力、形象记忆力和思维能力也会得到锻炼。

例如，"美丽的荷塘"水墨画一课展示与评课时，教师引导学生自评。

师：说说你画的荷花美在哪里？

生1：我觉得我画的荷花很美，开得很灿烂！

师：是啊，你画的花真美！

生2：我画的荷花造型好，颜色很鲜艳。

师：你的花用了渐变色，我也很喜欢！

生3：我觉得我的荷花画得不漂亮。

师：你能说说画得好的地方吗？

生3：构图饱满。

师：老师也觉得你的画构图很饱满！你是一位自信的孩子！你发现了荷花画得不够美，回去继续练习，老师相信你一定能把荷花画得美美的。加油！

每一位孩子都希望得到老师的肯定、赞赏和鼓励。在学生自评时，教师用富有情感的激励性语言评价学生，鼓励学生，张扬学生的个性，使学生充满自信。

（二）互评

小学生对自己的认识并不深刻，从而使他们无法全面、完整、公正地认识自我、肯定自我。因此，在自评的基础上，应鼓励学生互评。教学中开展小组内互评、小组间互评及全班一起评，有助于学生相互交流学习，取长补短，在互评中共同发展。如"模仿画家画一画"一课，教师请"博善组"出来汇报《毕加索的人物头像》绘画风格学案的完成情况，小组长把有代表性的词写在黑板上并汇报。汇报完，小组长请其他组员做补充，然后请其他同学对他们的汇报做评价，其他同学一致认同"博善组"探讨的答案，表扬"博善组"。当有不同意见时，教师要引导学生评价，并给予适合的修改建议。如在"美丽的荷塘"一课评价作品时，教师是这样引导学生互评的：

生3：我觉得我的荷花画得不漂亮。

师：你能说说画得好的地方吗？

生3：构图饱满。

师：老师也觉得你的画构图很饱满，你是一位自信的孩子！

师：有哪位同学能帮帮她，怎样才能画得更好？

生4：如果墨色再丰富一些，有浓、有淡，就更棒了。

生3：好的，我接受你的建议，回去我马上试试，谢谢你的建议！

师：回去再练一练，我相信你一定能画得更好。

师：这些画中，你们最喜欢哪一张？为什么？

生5：我喜欢这张。它叶子的墨色变化丰富！

生6：这张画得很好，很美！

生7：我觉得这张画得好。构图很饱满，画花的线条很优美！

师：同学们画的荷花真美！老师非常喜欢，感谢同学们！掌声表扬自己。

创新是每个孩子与生俱来的需要，天马行空的想象力是他们天生的一种能力。学生的创意得以实践，创作出来的作品特别期待得到同学和老师的赞扬。当学生出现不自信、感觉比别人差的心态的时候，教师要正确引导学生学会发现自己或别人的闪光点，放大亮点，用亮点照亮自己和别人；同时也要教会他们如何发现不足之处，这样才能进步，学生的身心和创新意识才能健康发展。

（三）师评

教育家陶行知先生说："教育是心心相印的活动，唯独从心里发出来的，才能打动心的深处。"教师的点评必须尊重每一个独立的个体学生，教师要认可每一个学生，相信每一个学生都有闪光点，放大这些闪光点，使学生在被赏识中获得进步和成功感，激发学生的求知欲，使他以积极的情绪投入对知识的探究中，并在求知过程中获得认知的满足和能力的提升。学生在漫长的求学过程中，有了教师给予他们的肯定和鼓励，他们才不会感到枯燥和乏味，才能在获得知识和能力的过程中健康发展。

每个孩子都是一朵花，都会适时开放。只是有的花开得早，有的花开得晚；有的花花期长，有的花花期短。美术评价是多维性和多级性的，教师要尊重个性差异，运用多元化评价方式，正确引导学生在自评和互评中想学、敢想、敢说、创新，认识自我，树立自信，从而唤醒学生对知识的渴求，养成良好的学习习惯，促进学生的创新思维发展。

🔖 参考文献

［1］尹少淳，段鹏.新版课程标准解析与教学指导：美术［M］.北京：北京师范大学出版社，2012.

［2］广州市教育局教学研究室.广州市义务教育阶段学科学业质量评价标准·美术［S］.广州：广东教育出版社，2013.

［3］理查德·斯蒂金斯.促进学习的学生参与式课堂评价［M］.国家基础教育课程改革"促进教师发展与学生成长的评价研究"项目组，译.北京：中国轻工业出版社，2005.

水墨画在小学美术课堂教学的可持续性策略

学校开展特色教学，已成为一种新时尚。有些学校的特色开展如一阵风，三分钟热度过后或者是课题结题后，就再没有后续了。敲锣打鼓热热闹闹地开展，无声无息地消失，如石头画、编织等。而我校开展水墨画特色教学后，水墨画已成为我校的特色课程、特色品牌。因为我校美术科组教师把水墨画融入日常的美术课堂教学中，水墨画教学是可操作、可持续发展的，具有很大的推广价值。

一、传承国家传统文化

中华优秀传统文化是中华民族的精神命脉，是涵养社会主义核心价值观的重要源泉，也是我们在世界文化激荡中站稳脚跟的坚实根基。水墨画是具有悠久历史的中国民族绘画，是我国民族文化的瑰宝，现已形成了融合整个中华民族独特的文化素养、审美意识、思维方式、思想哲学观念的完整艺术体系。因而，开展水墨画教学是传承中华优秀传统文化的一种方式。

二、学生发展的需要

美术新课程标准提出：以社会主义核心价值体系为导向，弘扬优秀的中华文化。新课标要求教师引导学生在广泛的文化情境中认识美术，引领学生参与文化的传承和交流。

水墨画是我国的艺术瑰宝、文化精粹。水墨画是随机而成的，随机体现出创新。小学生性格天真活泼，有着独特的感受能力、形象思维、空间概念、想象力。学生借助水墨画抒发自己的感情，便是有感而发、有意而为的自主性创造，会表现得挥洒自如、变化无穷、淋漓尽致、乐在其中。根据小学生的年龄特点，水墨画非常适合小学生的艺术发展。在学习水墨画的过程中，需要结合具体内容，加强德育的针对性、实效性和主动性，对学生进行爱国主义、集体主义和社会主义教育，加强中华民族优良传统、革命传统教育和国防教育，加强思想品质和道德教育，引导学生确立正确的世界观、人生观和价值观；要倡导科学精神、科学态度和科学方法，引导学生创新与实践。

三、学校的大方向引领学科特色发展方向

我校提倡"博·善"教育，秉承"上善若水，泽万物而不相争；流溪致远，唯广博方可兴达"办学理念，以"上善若水，博以兴达"为校训。而我在学校以"博·善"来引领"水品育人"的教育理念下，开展水墨画教学，让学生了解我国的传统文化，营造学校的美术特色教学艺术氛围，不仅促进了学校内涵的发展，而且丰富了校园文化建设，成为学校的一个品牌活动。

以下是我校开展水墨画课堂教学的可持续性策略。

（一）丰富教学资源，构建校本课程

根据我校的水文化特色，为了更真实、更全面地了解我校水墨画教学及学生水墨画知识水平的现状，对各年段学生进行了问卷调查，并做了详细的情况分析。根据各年段学生特点、国家教科书、农村地方资源，美术老师编写校本课程，建立了一套适合小学不同年龄段特点、儿童乐意接受的教材体例和样式，形成农村小学《水墨童年》低、中、高年段的校本教材。如低年级的"荔枝""瓢虫"，中年级的"枇杷""丝瓜"，高年级的"牵牛花""家乡的柿子"等。校本教材有地方特色，适合我校学生，丰富了教学资源。

（二）日常教学扎实推进

教师把水墨画融入日常的美术课堂教学中，把人文教育和美术教育紧密结合起来。教师创设情境，运用各种教学形式，引导学生创新与实践，让学生理解水墨画的特性，掌握水墨画的表现技法，借助水墨画尽情挥洒笔墨，从中享受笔墨的乐趣，从而提高学生的核心素养。

在开展水墨画的各项美术活动中，为学生提供更多更系统的关于"真""善""美"的信息，让学生感受美、欣赏美、创造美，在潜移默化中丰富思想、陶冶心灵。

（三）学习工具合理统筹，全员参与

学习水墨画，工具比较多而繁杂，有国画颜料、墨汁、大中小的毛笔、调色碟、洗笔、生宣纸、毛毡等。学校一周两节美术课，学校的专业室场没有那么大的空间能将工具分级、分班、按人存放，再加上如果按每人存放，上课前找到自己的学习工具有一定的难度，也浪费时间。针对学习工具的问题，老师们在教学过程中积累经验，把烦琐的事情简单化，化解了水墨画教学中的最大难题。

从一开始开展水墨教学时，学生每节课自带学习工具，发现存在一定的问题，如：①学生摆放学习用具花费时间比较长；②每位同学一桶水，容易互相碰撞，经常水洒了一地；③造成课堂练习时间不多，学生用色、用墨不知轻重，浪费很多资源；④收拾工具需要更长时间，每人都去倒水、清洗工具，水槽地方不够用，学生之间争水龙头。还有很多学生买成了熟宣纸，导致水墨效果不好，影响学生的学习积极性和教学效果。

教师寻找到了解决这些问题的办法：

（1）学校利用课题经费购买大毛毡（每小组一张）、洗笔（四人小组共用）、调色碟（四人小组共用）。

（2）学校开学前为教师准备好生宣纸、国画颜料、毛笔、墨汁等。

（3）各年级家委会统一购买生宣纸，放美术室，根据学生需要购买。

（4）学生带来的国画颜料、墨汁、大中小的毛笔统一交由老师支配，教师按小组人头分配。

课前，教师把所有的学习工具摆放好，学生再不用为忘带工具、不够地方存放学习用具等而烦恼，可以轻松上阵，只要人来了就可以学，课堂有充裕的时间给学生探究学习、体验水墨、展评交流学习。课后，收拾工具虽然比较麻烦，但小组长指挥小组团结合作，如一人倒水、清洗调色碟，一人擦桌子，两人收拾工具。

学校统筹学习工具后，学生没有后顾之忧，学习参与率达到100%，优秀率也不断上升。真正做到全员参与，提高了教学效果。

（四）创设平台展示成果

学以致用，知行合一，我们的教育就成功了。每一位学生都希望学有所获，学有所成，把学到的知识运用到生活中，用知识解决问题。

（1）学生用学到的技能，在各项绘画比赛中彰显才能，获得好成绩，为自己、为学校争光。

（2）我校学生国画特色作业参加区举办的学生课堂作业评比，并在区图书馆参展。

（3）在参加区教育的美术教育教学成果展示交流活动中，我校以水墨团扇、水墨纸伞结合水墨旗袍展示水墨教学特色，被评为"传统水墨画教学基地"。

（4）其他学科或其他学校借用我们的水墨团扇、水墨纸伞，我们的作品成了美化舞台的最佳道具。

（5）其他学校来我校交流学习时，我校将水墨画作品以纪念品形式赠送留念。潘健辉校长在参加美国交流学习时，带上美术科的国画衍生品——团扇、裙子等作品与相关学校交流。

（6）我校教学楼一楼的柱子上，教学楼楼梯两边的墙上悬挂着古色古香的画框，里面贴着不同题材的水墨作品，美化了校园的每一个角落，得到老师和家长的称赞；家长们把孩子的作品装裱起来，悬挂在家里、办公室中，装饰生活。水墨画成了装饰校园、美化生活的一道亮丽的风景线。

📁 参考文献

［1］中华人民共和国教育部.义务教育美术课程标准［S］.北京：北京师范大学出版社，2011.

［2］广州市教育局教学研究室.广州市义务教育阶段学科学业质量评价标准·美术［S］.广州：广东教育出版社，2013.

［3］尹少淳，段鹏.新版课程标准解析与教学指导：美术［M］.北京：北京师范大学出版社，2012.

［4］舒达，蒋长好.素质教育全书［M］.北京：经济日报出版社，2019.

省级课题结题报告撰写示例

——以广东省教育科学规划课题"在小学美术课堂中提高农村学生水墨画素养的研究"结题报告为例

　　结题报告一般分为七部分阐述：前言；第一章绪论；第二章正文；第三章结论（课题研究的实践过程和课题研究成果）；第四章课题成果的应用及推广；反思（研究存在问题）；参考文献。现以广东省教育科学规划课题"在小学美术课堂中提高农村学生水墨画素养的研究"结题报告书为例。此结题报告前言中问题提出的背景、研究价值和第一章绪论的立论依据、研究范围、总体目标、研究内容、研究方法与申请书的撰写一致，在此略写。结题报告的撰写主要包括成果名称、成果的主要内容（含预期计划执行情况，研究成果的主要内容、特色、主要建树、创新之处和对策建议）等。

"在小学美术课堂中提高农村学生水墨画素养的研究"结题报告

　　　　类别：广东省教育科学规划"强师工程"一般项目
　　　　项目编号：2014YQJK044
　　　　课题负责人：广州市从化区流溪小学张嘉敏

　　【摘要】在我校以"博·善"来引领"水品育人"的教育理念下，美术科把传统水墨画融入日常的美术课堂教学中。美术课堂教学运用了欣赏、临摹、创作等各种教学形式，让农村学生理解传统水墨画的特性，掌握传统水墨画的表现技法；借助水墨画有感而发、有意而为的自主性创造，提高农村小学生的表现能力、审美能力、创新能力和美术素养，养成博善品格，促进学生全面发展，打造传统水墨画成为学校特色品牌。

关键词：博善；传统水墨画；校本教材；农村小学

目录

第二章　正文

第一节　课题研究的实践过程

一、加强业务学习，提高研究者的专业水平、教学技能和艺术修养

（一）专家指导，引领前进

我校聘请蒋亚辉老师为我校的科研顾问，本课题还邀请了"百千万小学名师"培训项目组导师——广州市海珠区费伦猛部长、广州第二师范学院古立新教授、广州第二师范学院李俊博士，还有我校"百千万名师工程"美术组的唐雪娟导师和所有的美术组成员来指导开展工作。从化区教研室方华英主任、吴水晶老师是专家指导，组员由实践型教师构成课题组并做了详细的分工。在课题实践过程中，从化区教研室方华英主任和吴水晶老师经常到学校指导课题的开展，吴老师亲自指导水墨画教学和成果推广工作，方华英主任时刻跟进课题的进展情况，指导理论的建树。

（二）研读书籍，自我提升

书是人类进步的阶梯，书更是全人类的精神营养品。读书，可以拓宽我们的眼界，获得丰富的知识；读书，能引导我们明白事理，做个有修养的人；读书，能自我提升。学校领导非常重视科研教育教学、教师和学生的发展，大力支持课题的开展，购买了一系列水墨画的书籍给教师和学生学习与参考，如《国画起步》《国画入门》《国画技巧视频教学》《花卉》《小昆虫》等。本人也购买了很多有关中国画的书籍研读，有《艺术教育》《国画家》《书与画》《书画艺术》《藤蔓花鸟画法》《美术之路——中国画》《国画基础》等，还参考了番禺区市桥实验小学校本教材《现代水墨》，课余时间常练习，加强基本功。

（三）积极参加交流学习，提高专业素养

（1）积极参加市、区教研活动。如参加广州市教研室陈玉萍老师在育才中学举办的广州市羊城教育大讲堂周国城先生"中国画与书法之关系"，周先生的讲座精彩、实在，还有幸看到周先生即席挥毫的中国画；参加从化教研，如书法讲座、美感课堂、郊外写生等。

（2）积极参加广州市基础教育系统新一轮"百千万人才培养工程"小学名教师培养项目（第二批）。"百千万人才培养工程"的培训有精湛、高效的专题讲座和实实在在的跟岗学习。如阎德明教授"教学风格的培育与实践案例的分析"、华南师范大学曾文婕教授"做有思想的优秀教师"、费伦猛主任"如何将'小问题'转化为'小课题'"等专题讲座，让我深知要想成为一位学科名师，就要有更深、更高的学科教育教学理论基础和学科专业知识。

（3）积极参加广州市教育评估和教师继续教育指导中心举办的2015年广州市小学名教师培养对象高级研究班。2015年12月2—11日，有幸到清华大学参加广州市2015年小学名教师培养对象高级研究班的学习。在这里，没有枯燥、呆板的教学，更多地感受到清华的人文氛围，深厚的道德底蕴和强烈的历史使命感、报国心。"自强不息，厚德载物"的校训、清华的人文精神激发我们对知识的渴望、对工作的热情、对今后人生的启迪，同时对学生的责任感等油然而生。

（4）参加专业素养提高班培训。参加了广东省第二届美术教师专业素养提高班学习，有幸聆听到房尚昆教授精彩、实用的讲座，黄南华导师的专业示范。我们进行临摹、写生绘画练习，受益良多。学习中，参观了"柯木塑艺术园"，"柯木塑艺术园"汇集了画家们的心血之作，作品精粹。我非常喜欢画家黄唯理和张思燕夫妇的水墨画，黄老师的作品大气、雄伟，张老师的作品温馨、典雅。

二、对农村小学生水墨画素养的现状调查研究

为了更真实、更全面地了解我校水墨画教学的现状及学生水墨画知识水平的现状，对流溪小学各年段学生进行了学习水墨画情况问卷调查。低年段参加此次问卷调查的学生有42人，发出问卷42张，回收问卷42张，有效率100%；中年段参加此次问卷调查的学生有41人，发出问卷41张，回收问卷41张，有效率100%；高年段参加此次问卷调查的学生有42人，发出问卷42张，回收问卷39张，有效率93%。回收后对问卷做了详细的情况分析，有利于确定校本教材内容的选材和水墨画教学的侧重点。

三、"水墨童年"校本课程资源的开发与利用

（一）建立农村小学"水墨童年"课程资源

《水墨童年》低年段

目录	内容	负责老师
	少儿国画知识	徐小珍老师
第一课	樱桃	徐小珍老师
第二课	荔枝	徐小珍老师
第三课	枫叶	徐小珍老师
第四课	蜗牛	徐小珍老师
第五课	瓢虫	徐小珍老师
第六课	彩墨鱼	徐小珍老师

《水墨童年》中年段

目录	内容	负责老师
第一课	名画欣赏	刘旭泉老师
第二课	金鱼	刘旭泉老师
第三课	枇杷	刘旭泉老师
第四课	葡萄	刘旭泉老师
第五课	丝瓜	刘旭泉老师
第六课	向日葵	刘旭泉老师

《水墨童年》高年段

目录	内容	负责老师
	少儿水墨画的创作	张嘉敏老师
第一课	风景画	张嘉敏老师
第二课	牵牛花	张嘉敏老师
第三课	家乡的柿子	张嘉敏老师
第四课	写意的蔬果	张嘉敏老师
第五课	写意的花卉	张嘉敏老师
第六课	写意的动物	张嘉敏老师
	师生作品展	张嘉敏老师

（二）校本课程全面铺开

《水墨童年》成为我校的校本教材，学校全面开展水墨画教学，在水墨画课堂教学中，通过各种教学形式，使农村学生理解水墨画的特性，掌握水墨画的表现技法，提高水墨画素养。

（三）校本课程的开发，促进了学校特色的形成

我们美术科组探讨《水墨童年》校本课程的开发与利用，如配合学校用学生的水墨画作品装饰校园，美术室、办公楼和教学楼一楼的柱子装上古色古香的边框，里面贴上不同题材的水墨和书法作品，让学生在耳濡目染中感受水墨画的魅力，营造浓厚的校园文化艺术氛围，成为学校品牌特色。

四、有效提高农村学生水墨画素养的教学策略，构建教学模式

校本教材不仅为课题组成员的专业发展提供了实践的平台，还促进了学生水墨素养的提高。自开题报告后，课题组成员根据自己任教的年级、学生的年龄特征和发展需要，挖掘各种课内、课外资源，收集整合水墨画的相关资料，循序渐进地以重体验、重创作、重人文的教育方法，在美术课堂开展《水墨童年》教材课堂教学的实践与研究，提高了学生水墨画素养，促进了学校特色的形成。

（一）以赏入门，以评检测，提升审美情趣

1. 选择经典图例，引导学生在欣赏作品时增强民族自豪感，提高观察能力和审美能力

欣赏是对学生进行审美教育的一个重要手段，通过欣赏可以陶冶学生高尚的道德情操，树立正确的审美观念和健康的审美情趣，激发学生爱国主义热情，增强民族自尊心、自信心，促进学生各方面和谐发展，提高学生的整体素质。

美术教师在日常水墨画课的教学过程中，要努力让学生感悟其神韵，以增强其学习水墨画的兴趣。教师要引导学生欣赏画家的名作，了解画家通过选择不同的用笔用墨方法，生动形象地表现各种事物，产生不同的笔情墨韵，使学生认识毛笔、水墨和宣纸这些特殊工具材料的独特性能，从而提高学生的观察能力和审美能力。如二年级水墨画"自由的鱼儿"一课，欣赏古代名家朱耷

（八大山人）画鱼的作品时，教师先引导学生观察和领悟水墨画创作的表现手法，学生通过赏析八大山人的作品，体味名家水墨画用笔用墨的技巧，感受他画鱼时的心境，使学生认识到画鱼可以寄情于鱼。教师从用笔、用墨、用情以及画面的整体性方面引导学生欣赏。如师问："八大山人是怎样用笔用墨的？哪些地方值得你学习？"生1："鱼身上的墨色有浓、有淡。"生2："身上是淡墨，花纹是浓墨。"生3："鱼背用侧锋，鱼头、鱼肚用了中锋。"师："同学们从画的墨色、用笔方面来欣赏。"学生在欣赏中学习了八大山人画鱼的技法，充分地感知到八大山人以线条作为主要造型手段，以传神塑造艺术形象，以墨色浓淡为层次，是中国画的一个重要的艺术特色。八大山人运用毛笔、水、墨在宣纸上通过运笔的轻重缓急、抑扬顿挫、方圆粗细、干湿浓淡等不同的处理，去追求酣畅淋漓、婉转、清秀、遒劲的艺术效果，情感在鱼的神态、动态和画面的整体构图中体现得淋漓尽致。

通过水墨画欣赏教学，学生表达自己的认识感受，用赏识的眼光感受美的作品，充分地感知到这种水墨趣味，增强民族自豪感，提高观察能力和审美能力。

2. 多元展示、评价结合，检测深化教学效果

美术新课程标准中美术评价的多维性和多级性要求建立课堂教学的全程式评价。所谓"全程式评价"，即是把教学评价贯穿于课堂教学的全过程，从而提高学生美术素养。教学中，教师通过不同形式让学生发现自己的点滴进步，在集体中给予及时的表扬鼓励；让学生在看到别人的成功时，也看到自己的成长。每次学生完成作品后，我都组织学生进行自我评价和相互评价，这也是他们非常喜欢的事情，他们用自己童真的语言表达对美的渴望、对生活的理解。在气氛热烈的交流中，学生按教师对构图、色彩、情趣所定的标准要求进行评价，一方面他们的观察力、注意力、形象记忆力和思维能力得到锻炼；另一方面他们的语言表达能力也得到了发展。学生在展示与评价中互相学习、互相鼓励。

我校还常开展校园"水墨童年"书画展，让学生从中感受成功的喜悦，也通过欣赏同学们优秀的作品，取长补短。我也常与家长沟通，让家长给予孩子

亲情的支持与鼓励，将孩子的作品进行简单的装裱，挂在家中做装饰。家校合作，为孩子创造浓厚的艺术氛围。

通过多元展示、评价结合，学生进行自我评价和相互评价。评价中，学生能用美术术语，结合水墨画特点欣赏作品、评价作品，说明收到了良好的教学效果。

（二）游戏水墨，自主体验，感知笔墨情韵

1. 学生在学玩同乐中感受笔墨情韵，提高兴趣，理解水墨画特性

"兴趣是最好的老师"，兴趣可以激发人的自身潜力。只有让学生对活动感兴趣，他们才乐于参与。在水墨画教学过程中，我们用游戏形式来激发孩子的学习兴趣，将游戏贯穿于活动的始终。小学阶段的学生通常都乐于以游戏的方式接受新事物。教师一开始采用笔墨游戏的方式让学生接触水墨画，在笔墨游戏中感受到无穷的乐趣，使之对水墨学习充满期待。水墨画技法的掌握与恰当运用无疑可以延伸艺术形式，开阔艺术学习者的视野，但对于小学生来说，只有让其深刻体验自主创造过程中的乐趣和收获，其美术技能的学习与训练才真正具有效果。在教学中，我们通过游戏实验的方法让学生亲身去体验与发现技能、技巧。学生通过笔的轻重缓急、抑扬顿挫、方圆粗细、干湿浓淡在宣纸上自由挥运，上下、左右、来来回回地"乱涂乱画"，直到笔干墨竭，然后蘸水、蘸墨继续运笔，可以在已有的墨色上重复运行……

在教"蜗牛"水墨画一课时，我"不小心"在宣纸上洒了一滴墨，同学们窃窃私语，我问："怎么办呢？"有热心的同学马上拿着自己的宣纸递给我："老师，用我的吧。"我微笑着说："非常感谢这位热心的同学！但我不想浪费这张宣纸呀，大家帮我想想办法好吗？"同学们纷纷发表自己的意见，我眼睛一转说："我有办法了。"我拿起笔用淡墨在墨点外顺势加了一个圈和身体，等半干后，用浓墨画触角、眼睛、嘴巴（整个过程，我特意放慢速度，笔尖在练纸上理顺、试色，边示范边讲解，整个过程非常清晰，孩子们边看边听，非常认真），一只可爱的蜗牛呈现出来了，顿时喝彩声、掌声响成一片，在课室里久久地回荡着！同学们觉得太妙、太不可思议了！借此，我鼓励同学们大胆尝试，大胆地在练习中玩水墨。实际练习时，要让学生认识毛笔、水、墨和宣纸这些特殊工具材料的独特性能，通过选择不同的用笔用墨方法，生动形象地表现各种事物，产生不同的笔墨情韵。这也激起了学生有意识地进行一些笔墨基本训练的热情，提高了他们的运用、表现能力。教师用小游戏方法，鼓励学生自己试一试、调一调，边涂抹边体会，边练习边掌握，在轻松愉快的气氛中感知水和墨的调和方法。

2. 学生在儿歌游戏中感受笔墨情韵，提高运用笔墨的技能

水墨画是我国的国粹，它历史悠久，具有简单、概括的特点，符合儿童的思维，易被学生理解和接受。通过水和笔墨的无穷变化产生出生动、古朴、简洁、概括的艺术效果。学生利用水墨画的绘画语言表现其所见、所闻、所思、所想等。

在教学生用笔、用墨、用水和用色时，我都采用了喜闻乐见的儿歌形式来指导他们练习和巩固。如《毛笔运笔歌》："毛笔运用靠多变，侧锋扫过一大片，中锋出线光又圆。水少快走多皱笔，水多下笔湿一片。使用方法看对象，作出画来才好看。"如《樱桃》："一个红点，一个红点，有的半个，有的很圆，画上墨柄，点上墨点，再用浓墨，画两条弧线，嘿，成了红果一盘。"通过这些基础的练习，学生掌握了一些绘画技能，增强了学生的练习兴趣。

教师通过游戏激趣的教学方法，使学生在玩笔墨的过程中，自主尝试练习，对各种笔墨、色彩间的关系，疏密关系等知识有了一定的了解，感受到水分的多少对画面效果产生的影响，欣赏着自己的劳动果实，享受着墨色带来的神奇有趣的游戏。学生在愉快的游戏氛围和教师的示范导学下逐渐发现、掌握基本的笔墨方法，在游戏过程中感受、体验，在潜移默化中掌握了水墨画的用笔和用墨，提高了兴趣，培养了创新思维能力。

（三）基于临摹，尊重个性，突破原作

临摹是把学生引向艺术殿堂的必经之路，也会使学生的潜能得以充分发挥。临摹更是水墨画教学的一种重要手段，也是掌握水墨画本体规律的重要学习方法。清代董启运说："初学欲知笔墨，须临古人。古人笔墨，规矩方圆之至也。"要传承水墨画的民族文化精神，就要通过临摹这个途径，掌握传统的绘画语言和技巧及造型规律，领悟文化精神特质。那么，如何对学生的临摹学习做正确的引导?

1. 联系学生生活体验,选择好的范本

学生一般对自己熟悉的东西比较感兴趣,学生临摹所选择的绘画内容是与其日常生活有着密切关联的事物。我参考儿童水墨画,在学生身边寻找熟悉而有趣的事物,确定了学习内容。如我设计的课程内容有樱桃、荔枝、枫叶、蜗牛、瓢虫、鱼、菊花、柿子、江南风景等这些身边熟悉而简单的事物。因为农村小学生对这些事物比较熟悉、感兴趣,所以画起来容易上手。

2. 培养学生多观察、勤思考的习惯

观察生活、体验生活是水墨画创作的起点,而求变、求异是儿童的天性。为了能更好地学习水墨画,我让学生在生活中观察,积累资料,投身于大自然的怀抱,从中寻找美,发现美,创造美。因为"生活是艺术创作的源泉",让学生画自己的生活,表现自己感兴趣的东西,学生的作品才会更具活力。在收集素材时,有时并不需要很完整,有时看见一束花、一盘水果、窗台的摆设等都可以作为表现的对象。如"家乡的柿子"一课,我的家乡——从化上罗沙村出产柿子,我从家乡带来柿子,让学生欣赏、观察、品尝。学生感知柿子,知道柿子为木本植物,果实在深秋成熟。柿子常有"事事如意"的寓意,因此也常被表现在画中。在教学过程中,我让学生带着问题观察柿子:①让学生观察柿子,感受秋风之下,叶将落尽,艳红的果实挂在枝头,更为金秋增添色彩。②让学生了解柿子的生长过程、柿子的作用,开阔视野。③观察柿子的造型,叶、茎的结构,提高学生观察与表现的能力。在让学生动手操作之前,我先请学生欣赏感受大师作品《家乡的柿子》的笔墨情趣,体会大师如何以柿子抒发自己对生活的热爱之情,以提高审美情趣,感知画家画水墨画的特点。然后我再示范怎么画柿子,要求学生画出不同构图的柿子。当孩子们通过触摸、观察、品尝、欣赏、学习等一系列活动后,在画柿子时,他们大胆下笔,无拘无束,任意驰骋,作品单纯而简练,稚气十足,栩栩如生。这样既培养了小学生的观察力和感受力,又为他们的水墨画创作提供了素材。

3. 鼓励创新,大胆表现

水墨画是随机而成的,随机体现出创新,学生有了充分的亲身体验后,再进行自由创作时，往往会创造出令人惊喜的作品。小学生天真活泼，有着独特的感受能力、形象思维、空间概念、想象力。学生的这种心理特点正好符合水墨画简单、形象、概括的特点。如"自由的鱼儿"一课，教师将传统的水墨画技法与儿童的创造性思维有机地结合起来，引导学生从幸福美好的生活环境中感受爱家庭、爱朋友，所以画出的鱼儿自然是快乐自在的，还给鱼儿添上了小伙伴！画的时候注意疏密、前后关系，然后再添上一些漂亮的海草，意境就更美了。学生在作画过程中，借助水墨画表达心中的兴奋之情，用水墨画抒发自己的感觉。画作挥洒自如、变化无穷、淋漓尽致。完成后，学生把作品展示在黑板上、展板上。当作品呈现在眼前时，学生体验到成功的喜悦，这些作品将成为他们心中的珍宝。有时候我还以自己的创作实践为例给学生讲创作方法和体验，对引导学生进行创作也起到了很好的示范作用。

（四）示范导学，催化教学，提升技能

示范导学是传统美术教学中最常见的一种方式，在教育改革背景下也占有极其重要的地位。教师示范是美术课堂教学中最直接、最具体、最直观的教学方法，也是美术课堂教学中不可或缺的一环。示范导学的方法是灵活多样的，巧妙的示范教学是美术课堂的催化剂，不仅可以激发学生的学习兴趣，还可以让学生由此及彼，触类旁通，举一反三，扩散学生的思维，提高学生的综合素质，让其养成观察美、塑造美、表现美的习惯。同时，示范教学也是美术课堂一道亮丽的风景线。它不仅展示了教师独具智慧的专业学识，受到学生的喜爱，也让美术课堂充满着生命的活力，提高了课堂教学质量。在教学中，我通过适时适度的课堂教学示范，让学生在欣赏、观察、思考中较好地掌握绘画技巧，增强美术课堂教学的实效性，这样才能起到优化课堂结构，增强课堂凝聚力，提高学习效率的作用。因此，教师的示范可以引导孩子们在无意中感受到水墨的变化，具体到教学层面，此时的水墨表现中，中国传统绘画的精髓是练纸和对笔尖水分的要求。学生的用笔要完成两个任务：

1. **练纸运用的示范，让学生掌握笔墨的水分和墨色的技法**

二年级学生大都刚开始接触水墨画，所以难免有畏难情绪。在学习过程中，教师要求每位学生桌上放一张练纸，学生用练纸掌握笔墨的水分和墨色，用比较的方法，生动、形象地掌握方法，让学生大胆下笔，减少水汪汪现象的发生。如"荔枝"一课，画荔枝的叶子时，我拿出两位学生的作品进行展示，让同学评评哪张好。一张是用练纸试墨色、理顺笔尖后画的一片叶子，一张是一片水汪汪的叶子（因水分太多，宣纸一下子吸收不了那么多水）。我问："你们喜欢哪一片叶子，为什么？"有些学生马上反应过来，站起来说："第一片叶子好，第二片叶子水汪汪的，太难看了！"我问："怎样才不会画成水汪汪的叶子，谁来演示一遍？"大胆的学生站到讲台上认真地示范起来，还边示范边解释："笔蘸墨后，在试纸上把过多的水分吸掉，再画。""小老师"赢来台下一片掌声！通过比较和学生的演示，给学生以更深刻的印象，从而感受到练纸、笔尖水分笔墨运用的重要性。

2. 笔墨运用的示范，让学生掌握笔锋与墨色变化的技法

唐代张彦远在《历代名画记》中说道："夫物象必在于形似，形似须全其骨气，骨气、形似皆本于立意，而归乎用笔。"用笔和用墨是分不开的，所以称为笔墨。用墨好，皆由于用笔。笔墨方法练习是水墨画学习时的重要内容。小学水墨画教学中，教师鼓励学生运用笔线的水墨成分含量变化，着力用线条"编织"成具有个人审美意义的平面结构形象，也就是有平面特征的线（水分、墨色构成的不同线形）。如"自由的鱼儿"一课，我边示范边讲解：用侧锋蘸淡墨画鱼背，用中锋蘸浓墨画鱼肚子，用侧锋蘸重墨画鱼鳍和鱼尾，用中锋、侧锋蘸浓墨画线和点为花纹装饰鱼身。示范完后，我还请个别学生说说自己的看法。在学生练习过程中，我提醒他们注意墨色与笔锋的变化，鼓励他们大胆创作，笔锋与墨色的变化使鱼儿栩栩如生，充满了笔墨情韵。

（五）建构了小学美术"造型·表现"学习领域的教学模式

课题组成员在美术课堂教学实践传统水墨画，学生学习水墨画的表现方式主要是"造型·表现"，在教学过程中建构了以下这种教学模式（见下图）。

小学美术"造型·表现"学习领域教学模式

总之，只要学生掌握了基本技法，完全可以像用其他材料一样，在宣纸上自由挥洒，表现出色彩的绚丽多彩、水墨的干湿浓淡变化，在水墨色的交融中抒发自己的所思所想。

第二节　课题研究成果

一、多元教育，养成了农村学生博善品格

（一）水墨体验，培养创新

校本教材不仅为美术老师的专业发展提供了实践的平台，还促进了学生水墨素养的提高。美术老师循序渐进地以重体验、重创作、重人文的教育方法，在美术课堂开展"水墨童年"课堂教学的实践与研究，提高学生的审美情操与创新能力。如"自由的鱼儿"一课，学生在欣赏八大山人的作品中，感受到作者的孤寂。我们学习了他的水墨表现技法，我将传统的水墨画技法与儿童的创造性思维有机地结合起来，引导学生从生活环境中感受爱家庭、爱朋友。学生在作画中，借助水墨画抒发自己的感受，其作品是有感而发、有意而为的自主性创造。学生画出的鱼儿有大有小、快乐自在！作品的呈现，让孩子体验到创作过程的快乐与成功的喜悦！

（二）水墨规矩，培养习惯

学习水墨画的工具比较繁杂，在绘画过程中极有可能出现颜料弄脏手、衣服、画纸，或者墨、水洒到桌上、地上、画纸上等情况。因此，培养学生良好的学习习惯显得尤为重要。在教学之初就要求学生掌握各种用具的摆放位置：首先，摆放用具的习惯，要求学生把学习用具摆放到右手边。其次，蘸水的习惯，一般是根据需要来蘸水，不能随便涮笔，以免很快弄脏水。再次，不能甩笔，多余的水可以用卫生纸或废宣纸吸除。最后，各小组的绘画工具洗干净，摆放整齐。

（三）水墨情韵，培养团结

水墨画的课堂工具多、用色多，课堂时间少，因而要小组团结合作，小水桶一起用，分工合作调颜色；课后，收拾工具也比较麻烦，一定要发挥小组团结合作精神，如一人倒水、清洗调色碟，一人擦桌子，两人收拾工具。所以，

一开始就要注意培养学生良好的团结合作精神。

（四）水墨精粹，培养爱心

用水墨将世间万物的美表现出来，其间还渗透着一个"情"字。只有心中有爱，才能发现美。在每个有趣的水墨画教学中，我不仅让学生感受快乐，还引导他们发现快乐来源于爱。如"自由的鱼儿"一课课前，我先调动学生情绪，让学生以愉快的心情进入课堂，并带着愉快的心情进入小练笔中，寄情于鱼。在欣赏中，感受八大山人、齐白石绘画中的美，并在画鱼时把自己的情感寄托于鱼。绘画中他们不仅生动地运用不同的笔锋、不同的墨色表现鱼的形象，画中还处处洋溢着对鱼儿的爱护，对生活的热爱。学生在水墨绘画中寄情于鱼，学会热爱自然，学会爱，学会感恩。

（五）水墨素养，促进全面发展（课题实践两年前后的问卷调查结果）

广东省"十二五"科学规划"强师工程"一般项目课题"在小学美术课堂中提高农村学生水墨画素养的研究"课题实践两年的前后，我对流溪小学各年段学生进行了各一次学习水墨画情况问卷调查与分析。第一次：低年段参加此次问卷调查的学生有42人，发出问卷42张，回收问卷42张，有效率100%；中年段参加此次问卷调查的学生有41人，发出问卷41张，回收问卷41张，有效率100%；高年段参加此次问卷调查的学生有42人，发出问卷42张，回收问卷39张，有效率93%。第二次：低年段参加此次问卷调查的学生有43人，发出问卷43张，回收问卷43张，有效率100%；中年段参加此次问卷调查的学生有42人，发出问卷42张，回收问卷42张，有效率100%；高年段参加此次问卷调查的学生有44人，发出问卷44张，回收问卷44张，有效率100%。

以下是小学生学习水墨画的问卷调查统计（高年段）。

1. 问卷调查时间

第一次：2015年4月；第二次：2017年9月26日。

2. 问卷调查对象及人数

第一次：五（4）班全体学生，共42人；第二次：六（4）班44人。

3. 问卷调查回收情况

第一次问卷调查发出比回收问卷人数多3人，有效率为93%。

第二次问卷调查发出和回收问卷人数一样，有效率100%。

4.学生学习水墨画的情况问卷调查

（1）你喜欢水墨画吗？

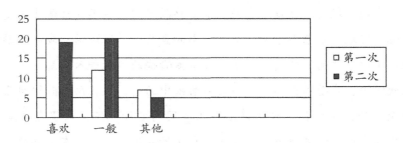

从两次的调查对比看，经过课题的实践研究，同学们对水墨画保持一定的兴趣。

（2）在你周围经常会看到水墨画吗？

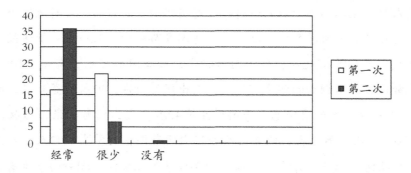

从两次的调查对比看，经过课题的实践研究，大部分同学更关注周围的水墨画。

（3）你是从哪里接触和了解水墨画的？

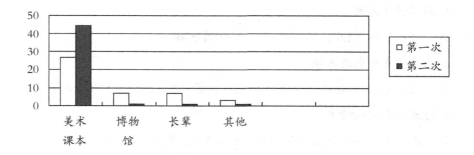

　　从两次的调查对比看，经过课题的实践研究，有越来越多的同学从美术课本了解水墨画。

　　（4）你是否经常去博物馆、画廊或其他地方看水墨画作品的展览？

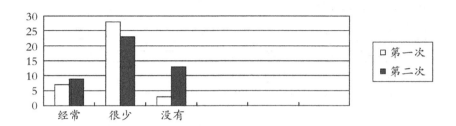

　　从两次的调查对比看，经过课题的实践研究，差距不大，大部分同学很少去博物馆、画廊或其他地方看水墨画作品的展览。

　　（5）你喜欢哪一种类型的水墨画？

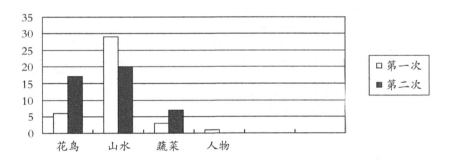

　　从两次的调查对比看，经过课题的实践研究，大部分同学喜欢山水画和花鸟画。

　　（6）你喜欢哪一种水墨技法？

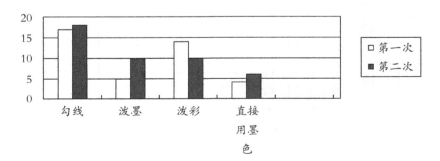

从两次的调查对比看，经过课题的实践研究，同学们比较喜欢勾线。

（7）你觉得哪一种用笔形式难表现？

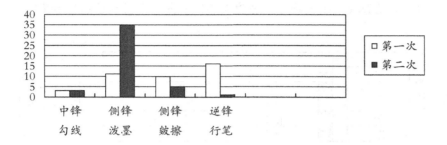

从两次的调查对比看，经过课题的实践研究，同学们认为侧锋泼墨表现难。通过体验后，确定了学习的难点。

（8）遇到困难时，解决的途径和方式是什么？

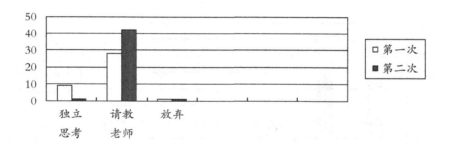

从两次的调查对比看，经过课题的实践研究，大部分同学解决困难的途径和方式都是请教老师。

（9）你觉得有没有必要从小学习水墨画？

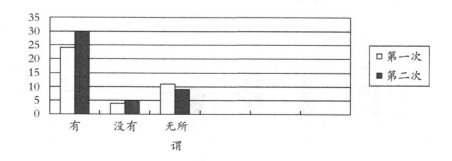

　　从两次的调查对比看，经过课题的实践研究，大部分同学认为有必要从小学习水墨画。

　　（10）除了学校学习水墨画外，有没有课后报辅导班学习水墨画？

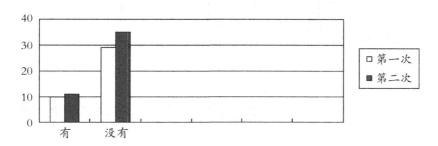

　　从两次的调查对比看，经过课题的实践研究，大部分同学除了学校学习水墨画外，没有课后报辅导班学习水墨画。

　　（11）在美术课上，你喜欢的课是什么？（可多选）

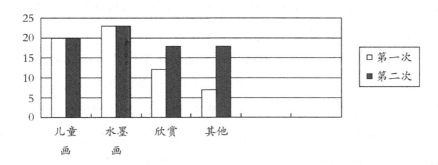

　　从两次的调查对比看，经过课题的实践研究，同学们喜欢的课比较均衡，得到全面发展。

　　（12）你知道的水墨画画家有哪些？（可多选）

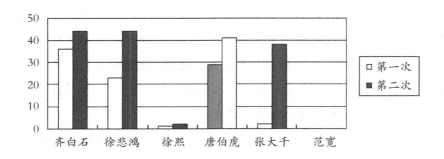

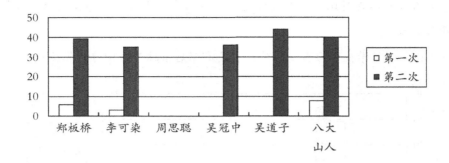

从两次的调查对比看，经过课题的实践研究，同学们对画家更了解了，更关注水墨画了，对传统水墨画加深了认识。

5. 高年级问卷调查情况分析

从两次的调查对比看，经过课题的实践研究，大部分同学很少去博物馆、画廊或其他地方看水墨画作品的展览，孩子们了解水墨画的知识大部分来自美术课本，大部分同学除了学校学习水墨画外，没有课后报辅导班学习水墨画，同学们认为有必要从小学习水墨画。

从调查的数据看，经过课题的实践研究，同学们对水墨画保持一定的兴趣，更关注周围的水墨画。大部分同学喜欢山水画和花鸟画，比较喜欢勾线，同学们通过学习水墨画体验后，确定了学习的难点，认为侧锋泼墨表现难，大部分同学解决困难途径和方式都是请教老师，同学们对画家更了解了，对传统水墨画加深了认识，同学们的学习比较均衡，得到全面发展。

水墨画教学实践使农村小学生接触的不再是单一的蜡笔画或彩色笔画，更可以用水墨画的形式大胆地表现生活中的所见所闻。在水墨画课堂中，学生通过欣赏、临摹、创作等各种教学形式，理解水墨画的特性，掌握水墨画的表现技法，能运用水墨画语言表达自己的思考，表现自己对生活的独特感受，借助水墨画表达心中的兴奋之情，用水墨画抒发自己的感觉。水墨画教学让农村学生的造型能力与概括能力、艺术审美能力和创新能力得到大大的提高，陶冶了学生的情操，促使其养成了良好品格及水墨画素养，促进了学生的全面发展。

二、水墨教学，提高了教师的水墨素养

在课题实践过程中，课题组成员要想顺利完成课题的研究，其专业理论、专业知识、专业能力都将面临挑战，所以，课题组成员必须自觉提高自身的专业素养。《水墨童年》校本教材的开发为课题组成员创造了专业发展的机会，课题组成员充当了编制者、实施者、评价者的角色，这个过程为课题组成员发挥潜能和创新发展提供了空间，课题组成员在参与课题实践过程中促进了自身专业素养的提升，提高了教学能力、理论水平和水墨素养，形成了个人教学风格。下面用两个课例来说明。

（1）2015年6月，我的《游戏激趣　示范导学　创新思维》发表于《如何形成教学风格——名师典型案例多维解读·小学卷》的同时，我上了一节水墨画"自由的鱼儿"校级公开课。我在水墨画教学中以"水墨生情趣，传统润心田"为主旨，让学生先学后教。学生通过小练笔自主学习"说一说""练一练"课本的画鱼方法的交流活动，知识得到交流，好奇心得到满足；"看一看""学一学"画鱼名家八大山人、齐白石的作品，提高审美能力；"画一画""评一评"，调动学生的学习欲望；在集体参与水墨画的方法表现过程中，激活水墨画学习的兴趣，尽情挥洒笔墨，体会画鱼可以寄情于鱼，从中享受笔墨的乐趣，并养成保护自然生态环境的意识。

学校梁丹红主任点评：它是一节二年级的水墨画技巧与表现课。张老师课前做了大量富有创意的准备工作，独具匠心，教学目标明确，教学环节流畅，预期目标达成有效，是一节成功和值得推广的课例。具体表现如下。

① 选材到位：作为我校美术课水墨画特色的推广，张老师选择孩子们喜欢的常见物——生活在水里的鱼儿来诠释水墨画的技法，既接地气，又符合我校"水文化"特色，因此它的选材是恰到好处的。

② 手段到位：从课中来看，张老师的教学思路清晰，通过数字传媒即时传输学生的随堂作品到平台上，师生或生生互评的形式让学生印象深刻。在教学技法的使用上，张老师采用了课前录制的微课来做水墨画的范例，从运笔到着墨等技法的演示让学生一目了然。她恰当地使用多媒体手段，令本堂课的目标达成收到事半功倍的效果。

③ 指导到位：张老师从多个角度去指导学生的学，通过画鱼、评鱼、析鱼，还有介绍名家朱耷、齐白石的画作，让学生去感悟水墨画的技法和变化丰

富的墨色效果。在教学中，张老师尤为注重培养学生"欣赏画·说感悟"这种人文素养，她对学生多种能力的培养，营造了浓厚的美术课堂氛围，学生对水墨画的兴趣就在潜移默化中得到了提高。

④ 以生为本：在整节课的教学中，张老师非常注重突出学生的主体地位，课堂开放，富有活力，在教学内容、思路、组织形式上，都能充分体现美术课在"博善"教育下水墨画的特色教学，尤其在学生完成作品后，张老师很用心地把每个学生的作品都一一展示，做了一个完美的收官，我们听课者能明显地看到，学生脸上挂满了幸福与自豪的微笑。

（2）刘旭泉老师在珠海市斗门区井岸一小上了一节"水墨画——草莓"的汇报课。

邝艳姬导师（广东省特级教师、广东省教师工作室主持人、小学美术高级教师）对这节课给出了如下的评语：

教学风格：轻松幽默，娴熟老练，平等互动，引导深入。

刘老师的课堂是民主的、开放的，教学是师生交往、积极互动、共同发展的。在这一过程中，教师与学生分享彼此的知识和经验，交流彼此的感受和体验。可以看出教师对自己角色的定位，教师不再是知识的传播者和管理者，而是学生发展的引导者和促进者。教师由教学中的主角转向"平等中的首席"。课前师生墨色的研究当场解惑，接着作品欣赏找墨色，教师再点评与补充，很好地体现了刘老师的教育理念。加上水墨画作品的欣赏，对学生是一种积极的影响。在整节课的欣赏与学习的过程中，教师都给予学生发表自己观点的机会，而不是教师从头讲到尾。让学生积极参与问题讨论，教师及时接收反馈信息，以提高教学效果。我相信这样的美术课堂学生是感兴趣的，是投入的。本课通过水墨作品和教师示范向学生展示了水墨画艺术的魅力，让初次接触水墨画的学生充满了兴趣和期待，加上优雅的古典背景音乐让课堂充满儒雅之气。

三、教育教学成果

（1）公开课：课题组成员在课题研究过程中展示了12节优秀课例（见下表）。

教学成果

课题	执教者	时间	地点	级别	举办单位
自由的鱼儿	张嘉敏	2015年6月	从化区流溪小学	校级	从化区流溪小学
美丽的荷塘	张嘉敏	2015年11月	从化区鳌头镇桥头小学	市级	广东第二师范学院（"百千万"小学名师培训）
美妙多变的线条	张嘉敏	2016年4月	从化区鳌头镇中心小学	镇级	从化区鳌头镇指导中心
大花瓶	张嘉敏	2016年4月	肇庆端州睦岗中心小学	市级	广东第二师范学院
给树爷爷画像	张嘉敏	2016年12月	从化区江浦镇和仓小学	区级	从化区教育局美术教研会
写意花卉	张嘉敏	2017年12月	从化区流溪小学	校级	从化区流溪小学
盐的妙用	张嘉敏	2018年12月	从化区流溪小学	校级	从化区流溪小学
模仿画家画一画	张嘉敏	2019年4月	从化区流溪小学	示范课	从化区流溪小学
给树爷爷画像	李欢玲	2016年12月	从化区江浦镇和仓小学	区级	从化区教育局美术教研会
水墨画——草莓	刘旭泉	2015年10月	珠海市斗门区井岸一小	省级	广东省骨干教师培训
表情丰富的脸	徐小珍	2017年4月	从化区第六中学	区级	从化区教育局美术教研会
黄河是怎样变化的	巢锦河	2017年3月	从化区雅居乐小学	校级	从化区雅居乐小学

（2）教师在课题研究中取得的理论成果：发表了13篇文章；创编了3本校本教材、1本师生画册和1本教师理论汇集成果（见下表）。

理论成果

成果名称	作者姓名	成果形式	时间	出版单位或发表刊物名称、刊号
《游戏激趣　示范导学——低年级水墨画教学策略》	张嘉敏	论文	2015.7	《华夏教师》ISSN2095-3267，CN10-1045/G4
《有效提高农村学生水墨画素养的教学策略研究》	张嘉敏 巢锦河	论文	2017.2	《神州民俗》CN44-Q1116，ISSN1995-0187
《微课在水墨画教学中的应用》	张嘉敏 巢锦河	论文	2017.7.8	《教育信息技术》CN44-1529/G4ISSN1671-3176
《〈水墨童年〉校本教材的开发与利用的研究》	张嘉敏	论文	2017.9	《中国民族博览》CN10-1220/GO，ISSN1007-4198
《广东第二师范学院专家组到从化流溪小学指导张嘉敏主持的省"十二五"规划课题研究开题》	张嘉敏	开题简讯	2015.8	《广州师训》2015年第4期（总第151期）粤内登字A第10018号
《游戏激趣　示范导学　创新思维》	张嘉敏	论文	2016.5	《如何形成教学风格》2013年中国轻工业出版社，ISBN978-7-5361-5524-4
《在小学美术教学中培养学生向善品格》	张嘉敏	论文	2019.2.20	《中华少年》ISSN1004-2377，CN11-5674/C
《"博善"教育理念下水墨画教学特色的创建实践》	刘旭泉	论文	2018.1	《新课程》ISSN1673-2162
《〈水墨童年〉校本教材的开发实践》	刘旭泉	论文	2018.1	《西部素质教育》ISSN2095-6401
《浅谈核心素养下小学生国画兴趣持久性的教学研究》	徐小珍	论文	2018.1	《新课程》ISSN1673-2162
《核心素养下培养小学生国画兴趣的教学策略》	徐小珍	论文	2018.4	《课程教育研究》ISSN2095-3089
《小学生国画兴趣持久性的教学策略——"吸引教育"》	徐小珍	论文	2016.10	《文理导航》总246期，ISSN2095-3879，CN15-1355/G4

续表

成果名称	作者姓名	成果形式	时间	出版单位或发表刊物名称、刊号
《农村小学开展课外美术培训的研究》	李欢玲	论文	2017.9	《中国民族博览》CN10-1220/GO，ISSN1007-4198
《水墨童年》低、中、高年级3本校本教材	徐小珍刘旭泉张嘉敏	校本课程资源	2014.8 2016.9	
《"在小学美术课堂中提高农村学生水墨画素养的研究"教师理论汇集成果》	张嘉敏	教师理论汇集	2018.4	
《"在小学美术课堂中提高农村学生水墨画素养的研究"师生作品集》	张嘉敏	画集	2017.5	

（3）师生在课题实践研究取得的教学成果。

① 学生在课题研究中取得的教学成果：集体从化区一等奖；李子瑜同学《画笔绘童心》、李天睿同学《猫头鹰》、李宝欣同学《我最喜欢的老师》和杜骏辉同学《祖国山河》刊登在《现代中小学生报》；辅导学生参加各项比赛获奖人数和层次呈上升趋势。

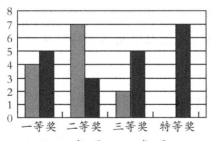

■ 2015年4月—2016年5月
■ 2016年6月—2017年12月

学生广州市比赛成果

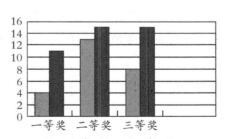

■ 2015年4月—2016年5月
■ 2016年6月—2017年12月

学生从化区比赛成果

② 课题组成员在课题研究中取得的教育教学成果：集体从化区二等奖；2人广州市课题立项；1人次国家一等奖，1人次省级一等奖，1人次省优课；课题组成员参加各项比赛获奖人数和层次呈上升趋势。

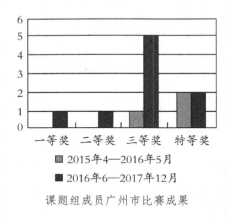

課題組成員廣州市比賽成果

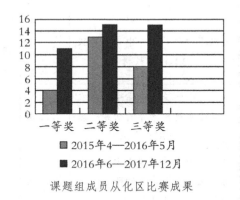

課題組成員從化区比賽成果

（4）其他成果。

① 学校被评为"传统水墨画实践教学基地"（从化区）。

② 课题中期检查被评为优秀。

③ 刘旭泉老师、徐小珍老师的有关水墨画的课题在广州市立项。

④ 课题主持人张嘉敏老师被认定为广州市名教师、广州市名教师工作室主持人。

⑤ 张嘉敏老师、刘旭泉老师、徐小珍老师被聘为学校科研中心组成员。

⑥ 张嘉敏老师和徐小珍老师被聘为从化区教育局第三届研究教育指导专家。

第三章　结论

"在小学美术课堂中提高农村学生水墨画素养的研究"以提高农村学生水墨画的素养和提高美术科组教师的理论水平、艺术修养为本课题的前提，全面开展水墨画教学实践研究活动。该课题以《水墨童年》校本教材研究为基础，在学校"水品育人"教育理念的引领下，运用文献研究法、行动研究法、案例研究法、经验总结法，通过欣赏、临摹、创作等各种教学形式，提高农村学生的造型能力、概括能力、审美能力、创新能力、水墨画素养和教师的艺术修养。课题已形成了一批研究成果，并深受学生喜爱，具有较强的可操作性、持续性和较强的推广价值。

一、该研究的主要建树

（一）建立了有效提高农村学生水墨素养的教学策略

（1）以赏入门，提高审美能力。

（2）基于临摹，提高水墨技能。

（3）示范导学，提高表现能力。

（4）突破原作，提高创新能力。

（二）建构了小学美术"造型·表现"学习领域的教学模式

小学美术"造型·表现"学习领域教学模式

（三）养成了农村学生博善品格，促进其全面发展

（四）提高了教师的教学能力、科研能力和艺术修养，形成了个人的教学风格

二、课题研究的特色和创新之处

（1）编写《水墨童年》低、中、高年级校本教材。

（2）汇编成课题成员理论成果集和师生水墨画作品集。

（3）水墨画成为学校特色品牌。

（4）学校成为区教育局的"传统水墨画教学基地"。

（5）2017年两位成员有关水墨画的课题在广州市立项。

（6）课题主持人被认定为广州市名教师、广州市名教师工作室主持人。

（7）张嘉敏老师和徐小珍老师被聘为从化区教育局第三届研究教育指导专家。

第四章　课题成果的应用及推广

一、研究成果在本单位应用及推广

（一）学生方面

1. 水墨画特色项目——美育硕果，绽放特色

我校积极展示第二课堂水墨特色工作，确定我校以水墨团扇、水墨纸伞结合水墨旗袍彰显了我校的水墨教学特色。（两次获区特色项目一等奖）

2.《水墨童年》庆六一书画现场赛

为了丰富小学生的课余文化生活，给同学们提供一个展示自我的平台，我校每年在六一国际儿童节来临之际举行《水墨童年》庆六一现场赛活动（参加人数约150人）。通过水墨童年绘画比赛，提高学生的绘画能力、审美能力和创造能力。

3. 水墨成果全科应用

我校每年的庆六一文艺会演、校庆活动、其他学科比赛，我们的水墨团扇、水墨纸伞成了美化舞台的最佳道具，在各项比赛均取得优异成绩。

4. 水墨画成果美化校园、装饰生活

我校用学生的水墨画作品美化了校园的每一个角落，得到老师和家长的赞叹；家长们把孩子的作品装裱起来，悬挂在家里、办公室里，装饰生活。

（二）教师方面

1. 成果以公开课形式应用与推广

（1）2015年6月，校级公开课"自由的鱼儿"水墨画，得到学校领导和听课老师的一致好评。

（2）2016年12月，校级公开课"给树爷爷画像"水墨画，以优秀课例向全区美术教师展示，获市"美感课堂"比赛一等奖。

（3）2017年12月，校级公开课"写意花卉"，在"一师一优课、一课一名师"晒课中被评为市优课。

（4）2018年12月，公开课"盐的妙用"，获听课老师的一致好评。

2. 成果以讲座形式推广与应用

（1）2015年6月3日，在学校艺术科组作了《短暂、丰富、高效》专题讲座，教师们受益颇丰。

（2）2018年7月，"立德树人　扣好人生的第一粒扣子"校级师德演讲比赛获一等奖。

（3）2019年5月7日，在学校为45岁以下的青年教师作了《以研促教助教师专业成长》专题讲座，学习如何撰写课题申请书，教师们受益颇丰。

3. 成果以课题成果形式推广与应用

（1）2019年4月11日，"在小学美术课堂中提高农村学生水墨画素养的研究"课题成果在我校面向全区教育科学研究中心和区中小学美术学科教研会以优秀成果提炼、成果培育和推广。

（2）在省课题的引领下，两位课题组成员主持有关水墨画的市级课题成果立项。

4. 成果以交流学习形式推广

学校潘健辉校长在参加美国交流学习时，带上美术科组的国画衍生品——团扇、裙子等作品与国外学校交流学习；其他学校来我校交流学习时，我校将作品以纪念品形式赠送留念。

二、研究成果在其他单位应用及推广

（一）到薄弱地区辐射引领示范带学

1. 赴从化区鳌头镇桥头小学支教一年

2015学年，我到从化区鳌头镇桥头小学山区支教一年。以广东省教育科学规划"强师工程"一般项目课题"在小学美术课堂中提高农村学生水墨画素养的研究"引领，在从化区鳌头镇桥头小学全面开展水墨画教学的实践研究，深受学生喜爱。在桥头小学，我承担小学名教师培养项目交流活动及市、区级公开课四年级"《美丽的荷塘》水墨画"，镇级的公开课二年级"美妙多变的线条"，得到领导和同行的好评；同时举行了校级《水墨童年》庆六一水墨画现场比赛，举办了学生的课堂作业与六一比赛作品特色成果展示。

2. 到端州区睦岗中心小学示范带学活动

2016年4月27日，我到肇庆市端州区睦岗中心小学参加广州市基础教育系统新一轮"百千万人才培养工程"小学名教师培养项目（第二批）的赴肇庆示范带学活动，上了一节二年级的美术课"大花瓶"。本课要求运用中国画表现方法设计一幅自己喜爱的青花瓷花瓶，旨在培养孩子的设计意识。教学中，教师主要抓住三大内容：一是欣赏青花瓷艺术，增强民族自豪感；二是学会运用中国画表现方法设计一幅自己喜爱的青花瓷花瓶；三是运用折叠堆成的方法，设计花瓶的造型，培养设计意识。教学效果显著，受到听课教师的高度好评。

3. 到从化区江埔街禾仓小学举行美感课堂示范带学

2017年6月30日，二年级的"给树爷爷画像"示范课参加区美感课堂示范带学活动，效果显著，受到领导和听课教师的高度好评；2017年6月30日，本课参加广州市从化区中小学美术教研会开展美感课堂示范带学活动，受到领导和听课教师的高度好评。

（二）开展专题讲座

（1）2015年10月10日，在广东第二师范学院"百千万人才培养工程"小学名教师培养项目（第二批）的活动中，我作了《如何撰写教学风格》专题讲座，分享了"游戏激趣　示范导学　创新思维"教学风格案例，案例逻辑性强，主题鲜明，得到听课老师的好评。

（2）2017年6月6日，我到江门良西中心小学，作了《"科研助成长"——省"十二五"规划课题"在小学美术课堂中提高农村学生水墨画素养的研究"》成果分享会专题讲座，效果很好。

（3）2018年12月18日，我参加从化区教育科学研究中心举办的第三次从化区教育科研学术沙龙，在会上作了《核心素养背景下小学美术教学中渗透德育教育》专题发言，效果很好。

（4）2019年3月28日，我参加第四次从化区教育科研学术沙龙，在会上作了《"在小学美术课堂中提高农村学生水墨画素养的研究"成果分享》的主题发言，效果很好。

（三）培养青年教师

（1）2016年12月30日，我指导广州市从化区鳌头镇人和小学教师李欢玲到从化区江埔街禾仓小学上了一节二年级的"给树爷爷画像"美感课堂，教学设计合理，效果显著，受到指导导师和听课教师的高度好评，获从化区二等奖。

（2）2017年5月，我指导街口街沙贝小学青年教师谭可欣参加广州市美感课堂教学交流研讨会活动，效果良好，谭可欣先后在学校、镇级以及区级教学比赛中屡获佳绩，获从化区一等奖。

（3）2017年5月，我指导吕田镇安山小学教师尹斐斐参加广州市美感课堂教学交流研讨会活动，效果良好，尹斐斐先后在学校、镇级以及区级教学比赛中屡获佳绩，获从化区一等奖。

三、创设多元平台，推广水墨成果

（1）创设各项比赛平台，以水墨画作品参赛，展现学习成果。

（2）美育硕果，绽放特色——参加美术教育教学成果展示交流活动。2016年5月，我校积极展示水墨特色工作，确定以水墨团扇、水墨纸伞结合水墨旗袍展示我校的水墨教学特色。

（3）课堂作品展。2018年12月，我校学生国画特色作业参加区举办的学生课堂作业评比，并在区图书馆参展。

（4）科组特色展。在区的全科阅读中，美术科组以水墨画作品如水墨线描、镜框画、团扇画、扇面画等展示我校美术科组的水墨教学特色。

反思：研究存在问题

（1）教师水墨画的知识面有待提高。

（2）美术室没有空调，比较热的天气难以开展水墨画教学，限制了开课的时间。

今后，课题组成员会传承中国传统水墨画文化，继续研究广州市有关水墨画的课题，持续调动学生学习水墨画的兴趣，全面提高学生与教师的水墨画素养，促进师生全面发展。

参考文献

［1］杨力.义务教育美术课程标准解读［M］.北京：北京师范大学出版社，2012.

［2］尹少淳，段鹏.新版课程标准解析与教学指导：美术［M］.北京：北京师范大学出版社，2012.

［3］广州市教育局教学研究室.广州市义务教育阶段学科学业质量评价标准·美术［S］.广州：广东教育出版社，2013.

［4］朱国华.朱国华水墨画教学［M］.杭州：浙江人民美术出版社，2013.

［5］占喜丽.领会新课程理念激活水墨画教学［J］.学生之友（小学版），2010（4）.

［6］张红强.浅谈儿童水墨画教学"四趣"［J］.小学教学参考，2010（18）.

［7］万测宇.现代儿童水墨画教学的思考［D］.成都：四川师范大学，2007.

［8］吴华林.国画入门训练新编·写意花鸟篇·蔬果［M］.合肥：安徽美术出版社，2010.

［9］魏凯琪，朱启东.画山水技法［M］.北京：北京出版社，2001.

［10］刘萍.儿童彩墨花鸟画技法［M］.北京：北京少年儿童出版社，1994.

［11］才志舜.美术教师［M］.沈阳：万卷出版公司，2010.

［12］许迪，张嘉佑.外国人学中国画［M］.上海：上海文化出版社，2008.

［13］成晨.轻轻松松学国画［M］.天津：天津杨柳青画社，2013.

［14］龚春燕.中小学特色学校建设策略［M］.北京：教育科学出版社，2013.

［15］刘正伟，仇建辉.学校文化建设：特色与品牌［M］.济南：山东教育出版社，2010.

［16］洪再新.海外中国画研究文选［M］.上海：上海人民美术出版社，1992.

［17］朱永新，袁振国.中国教师专业素质的修炼［M］.南京：南京师范大学出版社，2003.

［18］刘旭.一线教师教育科研指南［M］.成都：四川教育出版社，2006.

［19］张仁贤，马培青，逄凌晖.名师带徒弟的100条秘诀［M］.北京：世界知识出版社，2014.

［20］张仁贤，臧家志.好课是磨出来的［M］.北京：世界知识出版社，2014.

［21］加里·D.鲍里奇.有效教学方法（第四版）［M］.易东平，译.南京：江苏教育出版社，2002.

［22］皮连生，杨心德，吴红耕.学与教的心理学［M］.5版.上海：华东师范大学出版社，2009.

［23］格兰特·维金斯，杰伊·麦克泰格.追求理解的教学设计［M］.2版.闫寒冰，宋雪莲，赖平，译.上海：华东师范大学出版社，2016.

［24］舒达，蒋长好.素质教育全书［M］.北京：经济日报出版社，1997.

［25］庞丽鹃.教师与儿童发展［M］.北京：北京师范大学出版社，2003.

［26］马九克.微课视频制作与翻转课堂教学［M］.上海：华东师范大学出版，2016.

［27］单鹰.中小学教师如何做好课题研究［M］.北京：北京师范大学出版社，2011.

第三章

教学随笔

立德树人　扣好人生的第一粒扣子

——新时代人民教师的初心和使命

　　不忘初心，立德树人。牢固树立"以德立身、以德立学、以德施教、以德育德"的师德理念，全心全意做学生锤炼品格、学习知识、创新思维、奉献祖国的引路人。这是我校师德承诺书的第二条，要求每位教师严格遵守《中小学教师职业道德规范》，努力成为"有理想信念、有道德情操、有扎实知识、有仁爱之心"的新时代人民教师！

　　习近平总书记指出：广大教师必须率先垂范、以身作则，引导和帮助学生把握好人生方向，特别是引导和帮助青少年学生扣好人生的第一粒扣子。

　　从教20多年，我的美术课堂一直注重提高学生的知识技能和培养学生良好的品格。如六年级"写意花卉"一课，学生不但学会大写意、小写意的方法，更能运用此方法小组合作表现不同的花卉。瞧，这组同学用小写意画了菊花，那组同学用大写意画了荷花，有些组两种方法结合画了梅花、大红花，等等。同学们的作品千姿百态，美极了！同学们从画荷花中感受到荷花"出淤泥而不染"的高尚品质，从画梅花中感受到"梅花香自苦寒来"的顽强拼搏精神！一节课，我们从赏花—画花—品花中，学会了写意花卉，培养了学生团结合作、爱护环境、热爱生活的良好品格！

　　可是，前段时间，同样是六年级的课——"最敬爱的老师"，其中一堂课让我深思、一直耿耿于怀。我是这样引入的："同学们，小学快毕业了，在这六年里，你们最尊敬的老师是谁，他（她）有哪些外貌特征？在与老师相处的日子里，哪些情景使你们难忘？"我请了一位男同学来讲，他说："我最敬爱的是×老师。"话音刚落，课室里马上炸开了，同学们七嘴八舌地讲了起来，有几位男同学声音最响亮："哈哈哈，猥琐！""哟，猥琐！""猥琐！"我示意那位同学停下来，课室稍微安静了点，那位同学继续回答："他上课很认真，人很随和，我记得他走时，说了一句'见贤思齐焉，见不贤而内自省也'启发了我，让我特别难忘。"我来不及表扬这位同学，像泄了气的皮球，费了很大的力气问："刚才谁说×老师猥琐？"课室马上安静了下来，却没人承认，有些同学马上指认："刚才是他说的，还有他，还有他！"我问这三位同学："你们说说×老师怎么样？"过了一会儿，竟然一点回应都没有。我顿了顿说："刚才听到你们这样形容一位曾经教过你的老师，我心如刀割！如果这句话让那位老师听到，那位老师心里会好受吗？如果他没表现出猥琐的行为，你们凭什么这样说他！这就是你们在小学六年培养出来的品格？"这时，课室里静悄悄的，静得能听到我心碎的声音！他们低下了头，下巴紧紧地贴着心口。我平静下来问："同学们，你们会感恩吗？有句话不是这么说的吗？'一日为师，终身为父！'就算×老师只教了你几个月，甚至是一天，他都是你们的恩师！就如刚才这位同学说的，老师的一句话就启发了他，让他难忘。那么，其他老师教了你们一年，甚至几年，难道对你们的成长没有一点点教育、一点点启发吗？"很多同学纷纷说："有！"课才有序地进行着……

　　教育兴则国兴，少年强则国强。作为一名小学教师，我们要像汪克良老师在《学习贯彻党的十九大精神办好人民满意的教育》一文中说的那样："老师要像以前打水泵一样，用一小勺水，引出源源不断的水源。"我愿做学生健康成长的指导者和引路人，努力让每个人的人生都有出彩的机会。

　　（此文2019年9月在从化区教育系统庆祝建党98周年、新中国成立70周年征文比赛活动中获二等奖）

名人风格　引领学生健康发展

　　儿童水墨画教学应当强调儿童自我感受、自我探究与发现、自我表现的艺术实践活动，可以汲取传统水墨教学中临摹等教学手段，在传统基础上创新与发展。在知识技能上也可以讲授墨分五色、勾写点染等，在作品呈现上要强调童真童趣。

　　在小学美术教科书中出现比较多的国画要数齐白石的了，教师在水墨画教学中，也常以齐白石的作品为范画，提供给学生欣赏、临摹学习。

　　二年级"自由的鱼儿"水墨画一课，教师展示齐白石《三馀图》作品，让学生欣赏，学习齐白石画鱼的风格。

　　师：齐白石画的鱼哪些地方学习了八大山人，又有哪些地方不同？

　　生1：鱼身上的墨色有浓、有淡，身上是淡墨，花纹是浓墨，鱼背上的花纹都是从深到浅，用了中锋和侧锋来画，画法跟八大山人相似。

　　生2：八大山人画的鱼是孤独的，而齐白石画了三条鱼，一家三口团聚在一起。

　　生3：从鱼儿的动作看，它们在开心地玩游戏。

　　生4：齐白石当时画鱼的心情是很开心的！

　　生5：从画面我们感受到齐白石是一位乐观、开朗、爱热闹、充满童趣的老人。

　　师：同学们观察得很仔细，还能说出自己的看法。是的，齐白石学习了八大山人画鱼的技法，但是，齐白石又画出了自己的个性，表现出了他自己的人生观，这值得我们学习！同学们，如果是你，你会怎样画？

生1：我也学习齐白石的水墨画技法，但我会画上鱼儿的爸爸、妈妈，再加上美丽的海景。

生2：我会画很多鱼儿一起玩，像我们很多小伙伴一起玩一样开心。

【教学分析】

1. 欣赏中学习名画技能

水墨画是一门有着悠久历史的艺术，对于小学生来说，如何通过教学，使学生能对这相当复杂的中国画史有一个初步的了解，也是一个难题。在教学中，我根据小学生的年龄特点，深入浅出地结合教学内容，按中国画的发展脉络有机地进行欣赏教学，有选择地欣赏一些典型的名家名作，欣赏八大山人画鱼的作品后，再欣赏齐白石画鱼的作品，在比较中学习画家技法。欣赏时，我引导学生从用笔、用墨、用情及画面的整体方面欣赏，让学生观察和领悟水墨画创作的表现手法。学生通过赏析，学习名家画鱼用笔用墨的技巧。

通过比较欣赏和教师的分析，学生知道齐白石学习了八大山人画鱼的技法，他们基本都是这样画的：用淡墨中锋画鱼外形的线条，用侧锋画鱼鳍、鱼尾、鱼身，再用浓破淡的方法画鱼鳍、鱼尾、鱼身的纹样，用浓墨中锋画鱼眼和鱼嘴，感受到笔锋不同的效果和墨色变化的丰富之美。他们运用毛笔、水、墨在宣纸上通过运笔的轻重缓急、抑扬顿挫、方圆粗细、干湿浓淡等不同的处理，去追求酣畅淋漓、婉转、清秀、遒劲的艺术效果。

2. 欣赏中学习画家情怀

用水墨将世间万物的美表现出来，其间还渗透着一个"情"字。在欣赏中，学生感受八大山人、齐白石绘画中的美，并在画鱼时把自己的情感寄托于鱼，情感在鱼的神态、动态，画面的整体构图中体现得淋漓尽致。齐白石的画中有三条鱼，一家三口团聚在一起，它们在开心地玩游戏。从画面中我们感受到齐白石是一位乐观、开朗、爱热闹、充满童趣的老人。绘画中，画家们不仅生动地运用不同的笔锋、不同的墨色表现鱼的形象，还表现了各自的不同生活背景，处处洋溢着对鱼的爱。

在绘画中，学生学习八大山人和齐白石的水墨画技法，但更展现出学生自己的生活现状：在美丽的海洋里有爸爸、妈妈和很多小伙伴一起玩。学生在水墨绘画中寄情于鱼，学会爱，学会感恩，学会环保。

3. 欣赏中学习画家积极向上、热爱生活的人生观

齐白石曾说：为万虫写照，为百鸟张神，要自己画出自己的面目。齐白石的绘画充满了浓厚的乡土气息、纯朴的农民意识和天真烂漫的童心，富有诗的韵味，这也是齐白石艺术的内在生命。那热烈明快的色彩，墨与色的强烈对比，浑朴稚拙的造型和笔法，工与写的极端合成，平正见奇的构成，作为齐白石独特的艺术语言和视觉形态，相对而言则是齐白石艺术的外在生命。齐白石对点、线、面的构成极其重视，因此多有奇妙的章法和生命的律动。齐白石专长花鸟，笔酣墨饱，力健有锋。画虫则一丝不苟，极为精细。齐白石尤工虾、蟹、蝉、蝶、鱼、鸟，水墨淋漓，洋溢着自然界生机勃勃的气息。

学生在欣赏齐白石《三馀图》作品时，知道齐白石学习了八大山人画鱼的技法，但是，齐白石画出了自己的乐观、开朗的个性，表现出了他积极向上的人生观，值得我们学习。从而，学生知道学习是要举一反三灵活运用的，我们的作品要表现我们生活中的美，更要表现出我们积极向上、热爱生活的人生观。

示范导学 提高美术课堂教学的有效性

　　"示范导学"是传统美术教学中最常见的一种方式，在教育改革背景下也占有极其重要的地位。

　　如二年级"小动物和妈妈"一课，为了让学生掌握如何画出前后遮挡关系，教师直接在黑板上示范，学生直观地掌握了前后遮挡关系的画法，突破了这节课教学的重难点。直接在黑板上示范也有它的弊端，在示范时，教师站的位置或手的位置，一定会挡住一部分同学的视线，因而采用微视频展示示范更合适。

　　再如四年级"美丽的荷塘"一课，教师把示范绘画的过程做成微课，画荷花的关键步骤、用笔用墨的关键点使用微课的放大功能，不管坐在哪里的学生都能仔细观察教师的示范过程了。

【教学分析】

1. 现场示范

　　现场示范是美术课堂教学中最直接、最具体、最直观的教学方法，也是美术课堂教学中不可或缺的一环。现场示范教学是美术课堂一道亮丽的风景线。它不仅展示了教师的专业学识，受到学生的喜爱，而且让美术课堂充满着生命的活力，有利于提高课堂教学质量。

2. 微课示范

　　微课有利于学生调控学习节奏，通过微视频片段集中学生的注意力，使学生自主地探索和构建新知识，提高学习效率，提升技能，开阔视野，深化知识建构，从而提高教学的有效性。因而，教师课前把示范过程录制下来，制作成微视频，在上课时直接播放给学生观看、学习，这样省去了上课时大量准备的时间，还可以资源共享。

在教学中，教师通过适时适度的课堂教学示范，让学生在欣赏、观察、思考中较好地掌握绘画技巧，增强美术课堂教学的实效性，这样才能起到优化课堂结构、增强课堂凝聚力、提高学生的学习效率和课堂教学的有效性的作用。

游戏激趣　解决教学重难点

游戏激趣可以提高学生学习的兴趣，为讲授新课做铺垫，加深学生对新知识的理解，促进知识的迁移，从而提高美术课堂教学效果。

如二年级"给树爷爷画像"一课，教师利用小组水墨游戏，解决本课教学的重难点：比一比，看哪一组画的水墨线条变化最多！

1. 展示水墨画线条图片

学生思考问题：图片上的线条有什么变化？

生1：我发现线条有粗、有细。

生2：我发现线条墨色有浓、有淡，有干、有湿。

师：同学们观察得真认真，还分析了线条有粗细、浓淡、干湿的变化。下面，我们进行小组比赛，叫"水墨游戏"：一起探索这些美妙多变的线条，看哪一组画的水墨线条变化最多。好不好？

2. 小组水墨游戏：比一比，看哪一组画的水墨线条变化最多

学生拿起毛笔大胆尝试笔与墨的乐趣，体会水墨的变化之美，有些学生惊讶于墨在水分多少产生的变化，不断尝试，感受墨色和线条的变化。

3. 展示与评价

练习后，同学们纷纷把作品展示在展台上，产生极大的成就感！

师：你们觉得哪组画的线条最美？

大部分学生把小手举得高高的。

生1：我觉得我们组的最美！

其他同学都笑起来了。

生2：你怎么那么自私呢？就评自己组的。

师笑了笑说：你能说说它美在哪儿吗？

生1：我们组画的线条有浓、有淡，还有粗、有细，而且我发现加了水的墨，画出来的线条比较粗、比较淡。

师：被你发现水墨变化的美了，你太会创作了！哪些线条是你画的，可以分享一下你是怎样画的吗？

生1：看，这条线我没加水，墨色浓浓的，色很深。这条线我加了比较多的水，墨色就淡了，线条也变得粗粗的。我用淡墨画了像海浪一样的波浪线，用浓墨画了像钢铁一样的直线。

教师竖起了大拇指，课室同时响起了一片掌声。生1得意地走回自己的座位，意犹未尽地说："太好玩了！"

【教学分析】

小学生都爱玩游戏，教师抓住小学生的这一特点，用游戏激趣法激发学生通过典型的图像识读自主探究线条的不同之处。学生在课堂里心动、行动，快乐地体验水墨的变化，寓教于乐。学生在自主探究或合作探究后，获得水墨线条的基本知识，初步感受水墨线条，了解墨色的浓淡、干湿，线条的曲直、粗细的优美变化。这样，教学重难点得以解决，教学目标得以有效达成。同时激发了学生的好胜心和自主探索精神，让他们学会用美术技能表达生活与情感。

自主探究　提高学生的学习能力

　　自主探究是与传统的传授学习相对应的一种现代化学习方式，它以学生作为学习的主体，通过学生独立的分析、探索、实践、质疑、创造等方法来实现学习目标。自主探究倡导学生主动参与、乐于探究、勤于动手，培养学生收集和处理信息的能力、获取新知识的能力、分析和解决问题的能力以及交流与合作的能力。

　　如四年级"美丽的荷塘"一课，教师运用展示、评价的方法检查学生的预习效果，了解学生对荷花和荷叶的造型的理解情况。

　　（1）欣赏、讨论荷花造型、色彩，荷叶的形状是怎样的。

　　（2）学生汇报荷花和荷叶的形状，教师板书和示范。

　　（3）修改预习时画的荷花。

　　（4）展示、评价荷花。

【教学分析】

1. 课前预习，提高学生的文化理解能力

　　预习是学习新知识之前对教材进行自学的一个过程，包括对教材内容的了解，教学资料及用具的准备，对作品艺术特点的了解。预习的过程体现了动手动脑的结合，体现了学生的自主学习，也体现了学生良好的学习习惯。预习做好了，学生在课堂上学习的积极性就高，学习也会变得轻松，而且还避免了教师的"一言堂"。

　　学生通过预习，自主探究荷花和荷叶的造型，对本课的学习内容也有了比

较全面的认识和了解，掌握了荷花和荷叶的造型，解决了本课的造型难点。这体现了学生变被动学习为主动学习，提高了学生的自主学习能力和文化理解能力。

2. 小练笔，提高学生的图像识读能力和美术表现能力

小练笔不同于作业，小练笔内容范围小、形式活、出手快、效果好。在教学中，教师指导学生结合学习的内容，围绕一个知识点或重点进行训练，有利于突破教学重难点和提高学生的文化理解能力。如二年级"自由的鱼儿"一课，教师利用小练笔检查了学生对课本知识的图像识读能力和美术表现能力。

学生带着愉快的心情画鱼，鱼儿在画纸上色彩鲜艳，活鲜鲜的，就像快活的小朋友们一样。通过小练笔，鱼儿的特征在学生脑海中留下更深刻的印象，又复习了中锋、侧锋的用法以及用色的变化。学生对本课的学习内容也有了比较全面的认识和了解，不但让教学变得轻松，更重要的是让学生懂得了如何去学习，体现了新课标的理念。

合作学习　培养学生的社会意识

合作学习是指学生为了完成共同的任务，有明确的责任分工的互助性学习。目前有一些家长对孩子十分溺爱，有求必应，不少孩子更是唯我独尊，养成了自私自利、高傲、不合群的性格。因此有相当一部分学生在家长的庇护下，错误地认为竞争与合作是水火不容的关系，不愿意与同学合作、分享。因此在当今的教育中，教师要有意识地培养学生的合作意识。

为了更好地引导学生深入思考、探索、交流，展开思维碰撞、共同提升认识等，在教学中，教师要根据教学目标、学情等设计合作学习活动，鼓励学生为集体的目标和个人的目标一起努力，在完成共同任务的过程中实现自己的理想。

如六年级"写意花卉"一课，教师设计的小组合作完成的任务是四人小组讨论：平时我们的画纸是A3纸，今天的大了4倍，如何在15分钟内完成一张长卷画？画什么花？如何表现？

组1汇报：我们四人小组合作完成，用大写意的方法画荷花，黄曦画的花美，她画花，我画叶，小军画茎，子晴画水草和写题目。

组2汇报：我们也是四人小组合作完成，我们分场景画不同的花。我画梅花，程曦画菊花，梓豪画牵牛花，建辉画兰花。

【教学分析】

在小组学习中，美术教师充当了导演的角色，把合作、探究的机会留给学生。教师充分尊重了学生学习的自主性，体现了学生在教学中的主体地位，为

133

每一位学生交流学习、共同探究、解决问题提供了一个机会和表现的舞台。教师鼓励本组同学发挥各自的优势，尽最大努力去学习、合作交流、共同探讨，在解决疑难问题中相互帮助、相互鼓励，共同提高。学生在讨论、分工中，学会解决问题，生生互动，全面参与。这有利于所有学生主体性的发展，培养学生解决问题的能力以及合作意识和创新精神。

　　小组合作学习创建的是和谐共处、主动参与、团体合作、共同发展的氛围。学生从中体验到了平等、民主、尊重、信任和理解。这种互学互助的学习氛围，给学生提供了融洽的、自由的环境，为他们积极的思维活动创造了条件。不仅培养学生的合作意识，还能发展他们探究、自主、创新的能力；学生在合作中感受助人和受助的乐趣，体验合作学习的乐趣。有效的合作学习有利于学生愉悦地、自由地抒发情感，表达个性和创意，激发学生学习的积极性，增强自信心，促进学生优势互补，形成良好人际关系，养成健康人格。

创设游戏情境　营造愉悦课堂

在注意核心素养的背景下，美术教学创设情境营造愉悦课堂，让学生以多种学习方式参与美术课堂活动，在情境教学中体验美术学习的乐趣，发展美术技能，获得对美术的持久兴趣，从而提高美术课堂教学效率。

如二年级"美妙多变的线条"一课，教师创设"绕线游戏"情境导入：以两个人小组合作，玩一玩"绕线游戏"。让学生触摸感受线条变化之美，启发其去探索线条的变化。

教师（出示绳子）问：哪位同学玩过"绕线游戏"？

有10多位同学举手。

教师问个别学生：你能绕出多少种图形？

一位学生自信地说：我能绕出很多种图形，比如虾、网、田等。

教师鼓掌，惊讶地说：你太厉害了！请你和你的好朋友给我们表演一下好吗？

两位同学出来玩"绕线游戏"，其他同学看。

1分钟后，教师问其他同学：你们想不想玩？

学生急不可待地说：想！

教师：没玩过"绕线游戏"的同学不要着急，老师相信你们能创新更多的图形。来，同桌的一起玩，我们现在马上尝试。

课室里马上热闹起来，同学们边绕边惊叹："看，我们绕出了足球网！""我们绕出了虾！"……花绳在同学们手上花样百出，绕出来的图形特色各异。

【教学分析】

本课的美术教学活动主要体现为游戏性，运用"绕线游戏"的美术游戏，让学生合作编织多种图形，体会线条的美妙和多变；让学生亲自触摸，感受线条变化之美，启发其去探索线条的变化。不过多地讲绘画知识和造型原理，教学要求主要是使学生通过观察、体验、记忆、想象来表达自己的生活感受，以培养学生的观察力、形象记忆力、想象力和创造力。

在游戏中抒发情感，帮助孩子们了解有生命、有感情的线条，激发学生的学习兴趣，营造愉悦的课堂氛围。

创设语言情境　培养学生的图像识读能力

语言描绘有激昂雄浑、温柔委婉、典雅端庄、机智风趣、绮丽繁丰、质朴清新等各种类型。情境教学十分讲究直观手段与语言描绘的结合，教师让学生主动把所见、所闻、所想用生动的语言描绘出来，可以提高感知效应，激发学生的视觉感官，加强学生对知识的理解，提高学生的表达能力和学习的有效性。

如一年级美术课"小动物和妈妈"，播放《小蝌蚪找妈妈》视频，教师创设语言情境，师生扮演角色，进行对话表演，直接导入课题。

师：老师在下载《小蝌蚪找妈妈》视频时，操作失误，只有图像、背景音乐、字幕，却没有声音，同学们能不能帮帮我，扮演不同的角色进行对话呢？

生：能！

播放《小蝌蚪找妈妈》，师生看着视频开始角色对话扮演。

师：暖和的春天来了，在碧绿的水草下，有许多黑黑的、圆圆的卵。这些是青蛙妈妈产下的卵，慢慢地活动起来，变成一群大脑袋、长尾巴的小蝌蚪。小蝌蚪在水里游来游去，非常快乐。有一天，鸭妈妈带着小鸭子到池塘来游水，小鸭子跟在妈妈后面，嘎嘎嘎地叫着。小蝌蚪看见了，就想起了自己的妈妈。

生1（小蝌蚪）：我们的妈妈在哪里呢？鸭妈妈，鸭妈妈，您看见过我们的妈妈吗？您告诉我们，她在哪里？

生2（鸭妈妈）：我看见过你们的妈妈，它有两只大眼睛，嘴巴又阔又大。好孩子，你们到前面去找吧！

生1（小蝌蚪）：谢谢鸭妈妈！

师：小蝌蚪高高兴兴地向前面游去。一条大金鱼游过来了，小蝌蚪看见大金鱼头顶上有两只大眼睛，嘴巴又阔又大。小蝌蚪追上去喊。

生1（小蝌蚪）：妈妈！妈妈！

生3（金鱼妈妈）：我不是你们的妈妈，我是小金鱼的妈妈，你们的妈妈肚皮是白的，好孩子，你们去找吧！

……

【教学分析】

图像识读是指对美术作品、图形、影像及其他视觉符号的观看、识别和解读。在当今读图时代，我们驻足观看之后，能够看到什么，能获得什么知识、精神和情感上的收益，需要对图像的形式特征、艺术内涵有所理解。如果从少儿时期便有所积累，图像识读将会极大地提升其审美素养。

这节课，在观看视频中，教师创设角色扮演对话表演语言情境，学生在读图对话表演中，会读图、读懂图，并能用语言表达图意。学生在角色对话表演中全身心地投入故事里，体验了小蝌蚪找妈妈的艰辛历程，也感受到小蝌蚪找到妈妈的快乐心境，从而提高了学生的学习兴趣，培养了学生的图像识读能力、文化理解能力和表述能力，初步培养学生的合作意识和合作习惯。

创设意象情境　培养学生的美术表现能力

意象通常是指自然意象，即取材大自然的借以寄托情思的物象。中国传统画家多运用寓情于景、以景托情、情景交融的艺术处理技巧。如齐白石的《蛙声十里出山泉》，借助大块的墨色表现石头，优美富于动感的线条表现水，几只活泼可爱的小蝌蚪表现远处的青蛙，表达了大自然的意象美和自然美。

如四年级"美丽的荷塘"一课，教师展示了张大千经典的荷花作品，以供学生赏析，欣赏时播放古筝音乐。教师引导学生领悟张大千用笔用墨的表现手法，观察荷花的造型；学生通过赏析作品，体味名家画荷花用笔用墨的技巧，感受荷塘的意象美。

师：画家是如何用笔、用墨、用色的？花和叶用了什么笔锋、什么墨色？

生1：花是用中锋、淡墨。

生2：花还可以用浓墨来画。

师：同学们观察得真仔细，对笔锋和墨色掌握得真好！那么叶子呢？

生3：叶子用侧锋，用了浓墨、淡墨。

师：侧锋画叶子是对的，叶子的叶脉用什么墨色呢？

生4：浓墨。

师：刚才有同学说叶子的叶片是用浓墨，是吗？应该用什么墨色比较好？

生5：重墨。

师：对了，我们应该用重墨。淡墨画叶子，浓墨画叶脉。

师：同学们学会比较和思考了，真棒！

师（小结）：画家用中锋画的荷花如此优雅、美丽，侧锋画的荷叶是那么潇洒、自然、大气，我们仿佛跟着大师张大千在荷塘边赏花，感受荷塘美丽的景色。

赏析了画家的经典作品后，学生急不可待地学习张大千用笔用墨的绘画技能画荷塘；学生画出的荷花和荷叶形态万千，墨色多变，还添加了一些漂亮的草，意境非常美！他们从中学到了如何运用中国画写意技法表现大自然的植物。

【教学分析】

水墨画追求形与神的统一，讲求意象美。在教学中，教师根据小学生的年龄特点，深入浅出地结合教学内容，按中国画的发展脉络有机地选择典型的名家名作，让学生欣赏学习，使学生初步学习水墨技法和表现意境美。

教师创设意象情境，在经典的古筝音乐伴随中，引领学生一起赏析张大千经典的荷花作品。学生伴随着音乐走近荷塘，感受荷塘的意象美，在赏析中体味名家画荷花用笔用墨的技巧。这不仅培养了学生的观察能力、语言表达能力、文化理解能力、美术表现能力等，也让学生充分地感受到了大自然的美丽和祖国传统文化的博大精深，培养了学生热爱大自然、热爱生活的健康情操。

创设展评情境　培养学生的审美判断能力

法国教育家第斯多惠说："教学的艺术不在于传授本领，而在于激励、唤醒和鼓舞。"我认为这正是教学的本质所在。一堂课的终结阶段是作业评价阶段，也在此阶段检验一节课目标的达成度。为探索美术作业的有效评价途径，我们把评价职责落实在师生双方。教师从展评中引导学生展示作品、评价作品，学会欣赏别人的闪光点，会运用语言表达自己的意愿，培养学生的审美判断能力；将教师的点评作为启发、激励、唤醒、鼓舞学生的一种教学手段，创造意识才能得以增强。

如四年级"模仿画家画一画"一课，学生作业有不同的要求。（1）基本要求：尝试模仿毕加索作品中你最感兴趣的部分。（2）较高要求：尝试模仿毕加索作品中你最感兴趣的部分，并画出你的联想。（3）最高要求：模仿毕加索的绘画风格，创作一幅人物头像画。学生完成创作后，全部同学都把作品展示出来，师生一起欣赏与评价。

一、展示作品

学生完成创作后，同学们把作品按造型奖、色彩奖、创意奖分类展示在黑板上，展现成果，获得成就感。

二、评价作品

学生在教师的引导下进行自评、互评、点评，会运用语言表达自己的意愿，学会欣赏别人的闪光点，在评价中互相交流、互相学习。同时，对于不够理想的作品，让学生提出修改意见，提高学习效果。

（一）学生互评、自评

师：你最喜欢哪幅作品？欣赏它的什么？

生1：我喜欢这幅作品。它的人物学习了毕加索的变形、夸张的手法，我很喜欢。

生2：我喜欢这幅作品的色彩。它用了很多对比色，色彩很鲜艳。

生3：我喜欢这幅作品。它的线条有粗细变化，很丰富！

师：同学们从表现手法、色彩、线条等方面欣赏、分析作品，非常好！我也赞同你们的看法。老师很喜欢这幅作品，这是谁创作的？你能说说是怎样想出来的吗？

生4：老师，这张作品是我的。我比较喜欢毕加索的《梦》这幅作品，所以我模仿了它的色彩和动态，但我把手和脸改了一下，用了三角形画手，椭圆形画脸，这样比较概括、简单，又省时间。

师：这位同学很有想法，老师非常欣赏你的大胆改变，在模仿的基础上，很有创意！

（二）教师点评

师：谁来评一评这幅作品？（教师指着展示在色彩奖处的一幅作品）

生5：构图太小了，还偏一边了。

师：有没有你欣赏的地方？

生5：色彩很丰富，而且涂得很整洁！

师：是啊，作品的色彩非常好！如果是你，你会如何修改？

生5：首先构图得饱满，尽量画在画纸中央，比例画不好就不要那么死板，我们可以学习毕加索的夸张和变形。

师：你真会学习！很多同学画人物就是怕画不像、画不好。就如刚才这位同学说的，多用变形、夸张的抽象手法，这样就能避开我们的短板，使作品更有艺术性！

【教学分析】

评价小学生美术作品时一定要保留学生绘画造型过程中的原创性与童趣性，教师要能发现学生的造型趣味，更要善于欣赏学生的造型意趣，并进一步肯定和鼓励，这样可以有效地推动课堂学习。在评价过程中，教师发现有的学生善于画线，有的学生善于用色，有的学生造型能力强，这些闪光点都可以成为其他学生学习的地方。因而在展评作品时，我有目的地选了有代表性的作品引导学生欣赏、评价。这样有目的的评价，在解释不良的原因时，可以找出主要原因并解决问题。可见，教学评价如同身体检查，是对教学进行的一次严谨、科学的诊断，对学生是一种改进、鼓励和鞭策，也是对学生的一种自我教育和提高的练习形式，可以培养学生的审美判断能力。在这个活动中，学生的知识、技能将获得长进，品德也会有提升，同时起到以点带面的效果，提高课堂教学的有效性。

美术教学不是把所有的学生都培养成艺术家，而是着眼于提升素质的教育，培养学生的审美品位和艺术敏感。

创设联想情境　培养学生的创意实践能力

小学生好奇心强，想象力如天马行空，创作出来的作品往往有意想不到的效果，美术课就是学生创意实践的大好时机；因此，美术教师要创设联想情境，启发学生联想，培养学生的创作意识。

如二年级"有趣的数字"一课，导入部分教师创设联想情境"我做你猜"。

（1）师生互动

师：猜猜我做的动作是什么数字？

教师用身体摆出一个"7"字，学生异口同声说"7"字；教师在头顶右侧双手圈成一个圆形，摆出一个"9"字，学生马上说"9"字。

（2）生生互动

师：老师做的动作太简单了，你们一下就猜中了，哪位同学来做"小老师"？考考其他同学。

生1出来摆出了"8"字的形态，其他同学马上就猜到了。

教师连续请了几位"小老师"上来，其他同学也很快就猜到了相应的数字。同学们情绪高涨，连平时不爱说话的小张都举手出来做"小老师"呢！

教师以顺势立正的姿势再摆出一个"1"字，然后走起路来，问学生："1摆着小手，昂首挺胸地走起路来了，这是什么表现手法？"

生：拟人法！

师：同学们真棒，知道这叫拟人法。你还会用什么方法把数字变得美丽、有趣呢？我们一起来探究吧。

……

学生在欣赏和合作探究中获得设计数字的装饰方法：花纹装饰、颜色装饰、改变形状装饰、拟人卡通装饰。

【教学分析】

创设联想情境，可以让全班同学动起来，在师生、生生合作中营造愉快的学习氛围，发挥学生的主观能动性，调动学生积极学习兴趣，启发学生的联想思维，使其思维处于活跃状态，创造潜能得以激发，学习情绪高涨，产生源源不断的创作意识，从而培养学生的创意能力，提高教学效率。学生设计的数字非常有趣，有的用点线面花纹装饰；有的用点线加上五颜六色装饰；有的改变数字的形状，用其他事物加以夸张变形设计数字；有的用了拟人卡通装饰数字。学生设计的数字作品充满童趣，有趣极了！

创设赏析情境　培养学生的文化理解能力

　　欣赏是对学生进行审美教育的一个重要手段，通过欣赏可以陶冶学生高尚的道德情操，树立正确的审美观念和健康的审美情趣，增强学生爱国主义热情和民族自尊心、自信心，促进学生各方面和谐发展，提高学生的整体素质。

　　如四年级"美丽的荷塘"一课，教师播放《水墨荷塘》视频导入。

　　学生带着问题观看：画面主题是什么？运用了什么表现形式？（A. 蜡笔画　B. 水粉画　C. 水墨画）

　　生：水墨画。

　　师：你观察到荷花的造型、色彩，荷叶的形状是怎样的？

　　生1：荷花的花瓣阔大，瓣头带尖。

　　生2：荷花的颜色有红色，也有白色和粉红色的。

　　生3：荷叶是圆盘形，有些向上的荷叶是三角形的。

　　师：荷花生长在哪里？

　　生1：池塘里。

　　师：对，荷花生长在有淤泥的池塘里，长出来的荷花会沾满淤泥吗？

　　生：不会。一样那么红，那么白！很美！

　　师：同学们观察得非常认真、仔细！我们在美丽的荷塘边欣赏了多种色彩的荷花，看到不同朝向的荷叶形态不一样，有圆盘形的、有三角形的、有木耳边形的等。荷花常常被用来比喻人的清正廉洁品格，这就是荷花"出淤泥而不染"的高尚情操。

【教学分析】

教师在日常美术课的教学过程中，创设情境，播放视频或选择经典图例，引导学生欣赏，欣赏事物的造型、色彩之美，从而提高学生的观察能力和文化理解能力。

美丽荷塘的视频情境导入，集中了学生的注意力，激发了学生的学习兴趣。学生在情境中欣赏荷花的形态美、色彩美，感受荷花"出淤泥而不染"的高尚情操。在欣赏与交流中提高学生的观察能力和文化理解能力，从而引导学生热爱大自然、热爱生活！

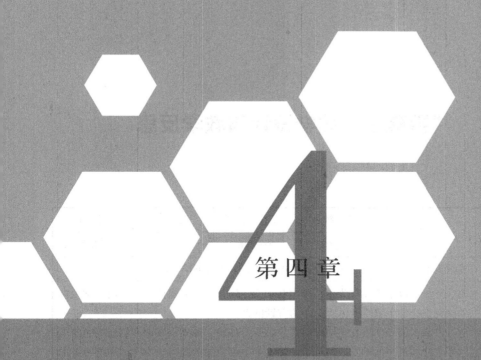

第四章

教学设计与教学反思

"雪孩子"教学设计与教学反思

课题	雪孩子	学习领域	造型·表现	课时	1课时
		执教者	张嘉敏	年级	一年级
教材版本	岭南美术出版社出版的义务教育课程标准实验教科书第一册				
教材分析	教学方法：以学生发展为本，师生互动为主体，借助多媒体等手段启发学生自主探究，让学生感受、体验美丽的雪景世界。 学习方法：引导学生在情境中欣赏、感受、体验、探索、发现和创造美丽的雪世界，并通过多元的发展性评价，培养学生创造美的能力，激发学生学习美术的兴趣，培养学生热爱自然、热爱环境、热爱生活的人文精神和审美能力，促进学生健全人格的形成				
学情分析	我们南方出生的孩子，对雪大都没有亲身的感受和体验，印象不深刻，感性认知较模糊，因此需要提供感性认知材料，提高学生对雪的认知水平。因此，教师创设情境，引导学生观看、欣赏雪景图片，在音乐中想象置身于雪景中，在雪地上体验雪，让雪孩子的美好形象根植于孩子心灵，进而激发学生的绘画创作灵感，进行美术造型				
教学目标	知识与技能：引导学生认识雪的特性，感受冬天的季节特点，体会用绘画造型艺术手段表现"雪"和"雪孩子"的形象，并能用绘画语言创造美丽的雪景世界。 过程与方法：通过多种教学手段的运用与教学的设计，展开美术教学活动，以小组合作、师生互动为主体，运用点线面画出雪景和雪孩子的特性及造型。 情感态度与价值观：感受大自然的美，培养大胆想象、敢于创新描绘美丽的雪景世界的情感，激发学生热爱大自然、热爱生活的情感，培养良好的审美情趣和学习态度				
教学要点	重点：运用点线面画出雪景和雪孩子的特性及造型				
	难点：画出"雪"及"雪孩子"的造型				

教学方法	情境教学法、讲授法、自主探究法、合作学习法、讨论法、启发引导法、练习法、评价激励法		
教学准备	《雪景》视频、《雪绒花》音乐、雪景图片、彩色笔或油画棒、绘画本		
教学过程			
教学设计	教师活动	学生活动	设计意图
导入	创设情境： 1. 播放雪景视频，问：你知道冬天是什么样的吗？ 2. 引导学生从天气、风景、人物衣着、动作等方面谈冬天的特征。 3. 板书课题：雪孩子	1. 观看雪景视频。 2. 描述冬天的样子	感知冬天的情境
课堂发展	一、欣赏雪景 展示冬天的图景，感受冬天的气候，引导学生欣赏雪景。 二、感受雪景 问：你知道雪花是什么样的吗？ 师放大雪花，欣赏雪花的美。 雪花的基本形状是六角形，有些是圆形的，有些是箭形的，或是锯齿形的；有些是完整的，有些又呈格状，但都没有超出六瓣型的范围。 （板书图） 三、体验雪景 1. 在音乐中想象下雪的情境（播放《雪绒花》音乐）。 师：看了这么漂亮的雪花，你们想到北方去看雪吗？今天老师把冬天请到了我们的教室。孩子们，闭上眼睛，听着音乐，让我们一起来感受下雪的情景吧！你们看到怎样的雪景？雪花落到你的脸上有什么感觉？ 2. 让学生以小组为单位，假设在白雪皑皑的雪地里一起玩游戏	1. 欣赏雪景，感受冬天的气候。 2. 观察雪花，描述雪花的样子。 3. 听音乐，想象下雪的情境。 4. 小组一起假设滚雪球、堆雪人、打雪仗、滑雪等	学生通过欣赏雪景，感受到冬天的冰天雪地，在优美的音乐情境中，脑海里按自己的想象呈现下雪的景象，感受雪的冷与美。通过小组合作体验滚雪球、堆雪人、打雪仗、滑雪等，感受到在雪地里小伙伴们合作的快乐；同时，观察到雪地里人们不同的动态，为绘画做好铺垫。培养学生的自主学习能力、审美能力、观察能力、美术表现力等

续　表

教学过程			
教学设计	教师活动	学生活动	设计意图
学生作业	教师巡视辅导，及时反馈。（播放《雪绒花》音乐） 基本要求：运用点线面画出雪景和雪孩子的特性及造型。 较高要求：运用点线面画出有故事情节的雪孩子	学生创作	学生把感受、体验的雪景画出来，提高学生的造型能力，加深对雪景的认知，培养学生的实践创新能力
展示评价	1. 教师引导学生展示作品。 2. 自评、互评、师评作品。 （1）谁来介绍一下你的冬天里有什么？ （2）你喜欢哪张作品？哪些地方值得你学习？ （3）老师最喜欢这张作品。它的构图饱满，动态夸张，造型好	1. 学生展示作品。 2. 自评、互评。 （1）介绍自己的创作构思。 （2）学习优秀作品的方法，提出修改建议	在展示中体验成就感，在评价中交流学习，提高学生的审美判断能力
小结拓展	1. 同学们听过这句话吗？"瑞雪兆丰年"！寓意大雪后，会五谷丰收。 2. 这节课我们感受了雪的美，体验了雪带给我们的快乐。但是，大雪也会带给我们灾害，如封路不能前行，蔬菜瓜果冻坏了，等等。所以我们要保护环境，热爱大自然、热爱美好的生活		
板书设计	雪孩子 雪花： 雪地上：滚雪球、堆雪人、打雪仗、滑雪		

【教学反思】

"雪孩子"这一课，教师创设多种情境教学，营造愉快的课堂氛围，激发学生自主、探究、合作学习，课堂中师生互动、生生互动，学生以饱满的热情积极投入课堂学习活动中，大大地提高了学习效率和教学效果。

（一）创设情境，活跃课堂氛围

我们南方出生的孩子，对雪大都没有亲身的感受和体验，印象不深刻，感性认知较模糊，因此学生欣赏了雪景图片后，教师创设视听情境，播放《雪绒花》音乐，带领学生闭上眼睛，在优美的音乐中想象下雪的情景，感受美丽的景色，并能用语言描绘美丽的雪景世界。学生在讲的过程中，教师示范了多种雪花的画法，以增强学生对雪的造型理解，激发学生学习的积极性，培养学生的想象力。教师还创设体验情境，学生分小组在"雪地"上愉快地滚雪球、打雪仗、堆雪人、滑雪等，体验虚拟情境。同学们在小组合作中学会了堆雪人，感受到小伙伴一起打雪仗的快乐，借此，提高了学生对"雪孩子"一课的知识理解能力，为绘画做好铺垫。

（二）童趣呈现，创意驰骋

学生有的画堆雪人，有的画滑雪，有的画打雪仗；有的用线画雪，有的用点画雪，还有的点线色一起运用。学生还会用蓝色的渐变方法涂出铺在地上的雪。学生的绘画作品千姿百态，静谧的雪景与孩子们夸张、活泼的动态形成鲜明的对比，充满了浓浓的童趣。

教师创设环境情境教学，创造愉悦的课堂氛围；同学们仿佛置身于雪景情境中，想象雪景的美，体验雪景带来的快乐。这样的教学方式可以调动学生的情绪情感，激发学生们想玩的天性，学生在玩中学、在学中玩。因此，创设与教学内容相符的情境，既调动了学生学习的积极性，又对其进行了美的陶冶；激发了学生热爱大自然、热爱生活的情感，培养了学生的自主学习能力、审美能力、观察能力、美术表现力和良好的审美情趣。

"小动物和妈妈"教学设计与教学反思

课题	小动物和妈妈	学习领域	造型·表现	课时	1课时
		执教者	张嘉敏	年级	一年级
教材版本	岭南美术出版社出版的义务教育课程标准实验教科书第二册				
教材分析	创设故事情境导入，让学生初步感受小动物和妈妈在一起的快乐心情，培养学生的合作意识和合作习惯。教师引导学生在观察、比较、分析动物的学习活动过程中，认识各种动物形象，体会动物的亲情与人类的亲情，激发学生情感上的共鸣，引导学生产生爱护小动物、爱护自己妈妈的情感，培养学生的观察、分析、表现能力				
学情分析	一年级的学生已经拥有了初步的造型能力，并能用绘画方法表现一些较为熟悉的物体的外形与结构。所以，对于常见动物，学生在绘画时并不存在心理障碍				
教学目标	知识与技能：在观察、比较、分析动物的过程中，认识各种动物形象，培养学生的观察、分析、表现能力。 过程与方法：通过学习活动，认识各种动物形象，体会动物的亲情与人类的亲情，提高学生对美术学习的兴趣，培养学生的合作意识和合作习惯。 情感态度与价值观：通过思考、分析、对话等活动激发学生情感上的共鸣，引导学生产生爱护小动物、爱护自己妈妈的情感				
教学要点	重点：表现动物的特征和动物大小、前后遮挡关系				
	难点：展现动物大小、前后遮挡关系和对动物亲情情节的细节表达				
教学方法	情境教学法、讲授法、自主探究法、合作学习法、启发引导法、练习法、评价激励法				
教学准备	《小蝌蚪找妈妈》视频、《世上只有妈妈好》音乐、PPT课件、彩色笔、绘画本				

教学过程			
教学设计	教师活动	学生活动	设计意图
导入	创设故事情境。 1. 播放《小蝌蚪找妈妈》视频，直接导入课题。 师：老师在下载《小蝌蚪找妈妈》视频时，操作失误，只有图像、背景音乐、字幕，却没有声音，同学们能不能帮帮我，扮演不同的角色进行对话呢？ 2. 一学生扮演小蝌蚪，多名学生扮演小蝌蚪遇到的动物妈妈，进行对话交流。 3. 做一做：小蝌蚪见到妈妈是什么样子？ 师：我做妈妈，你们扮演小蝌蚪，感受小动物和妈妈在一起的快乐情境！ 4. 板书课题：小动物和妈妈	1. 观看录像。 2. 扮演不同的角色进行对话。 3. 尝试表演小蝌蚪见到妈妈时的表情和动作，感受亲情的快乐	通过观看视频，感受小动物和妈妈在一起的快乐心情，从而提高学生的图像识读能力。通过扮演不同的角色进行对话，提高学生的表达能力，初步培养学生的合作意识和合作习惯
课堂发展	一、欣赏图片 欣赏小动物和妈妈在一起的图片。 师：它们在一起是怎样的？ 教师引导学生观察动物的动态、情感。 二、合作交流 跟同桌说一说你喜欢的小动物。 教师启发学生说出更多自己喜欢的小动物，并引导他们注意小动物的颜色和基本的特征。 三、示范导学 教师示范绘画方法及步骤。 （1）先画前面的小动物。 （2）再画小动物妈妈和其他小动物，注意大小、前后遮挡关系。 （3）添加周围环境。 （4）涂色。 四、自主探究 欣赏画家作品和优秀学生作业。 师生共同分析以上作品的内容、线条和色彩，启发学生寻找自己喜欢的形象来作画	1. 阅读教材图片以及教师提供的小动物和妈妈在一起的图片，说出图片中动物的动态、情感。 2. 说说自己喜欢的小动物。 3. 学习画小动物和妈妈。 4. 欣赏绘画作品，学习如何构图，处理动物的大小、前后遮挡关系	1. 学生在观察、回忆、谈话中感受动物的亲情，自主探究动物的造型，理解小动物与妈妈在一起的动态、情感。 2. 在比较分析、示范导学等过程中学习如何构图，处理动物的大小、前后遮挡关系。提高学生的图像识读能力、自主学习能力和人际交往能力

续　表

教学过程			
教学设计	教师活动	学生活动	设计意图
学生作业	教师巡视辅导，及时反馈。（播放《世上只有妈妈好》音乐） 基本要求：画自己喜欢的一种动物，表现小动物和妈妈的亲情，并适当添加背景。 较高要求：画自己喜欢的一种动物，表现小动物和妈妈大小、前后遮挡关系，并适当添加背景	学生创作	学生在创作中学会表现动物的亲情，会表现大小、前后遮挡关系，提高美术表现能力
展示评价	1. 教师引导学生展示作品。 2. 自评、互评、师评作品。 （1）谁来介绍一下你画的小动物和妈妈在干什么？ （2）你喜欢哪张作品？哪些地方值得你学习？ （3）老师最喜欢这张作品。作品中小动物和妈妈在一起很温馨、很幸福的样子	1. 学生展示作品。 2. 自评、互评。 （1）介绍自己的创作构思。 （2）学习优秀作品的创作方法，提出修改建议	在展示中体验成就感，在评价中交流学习，感受温馨的亲情，提高学生的审美判断能力
小结拓展	1. 孩子们，这节课让我们感受到小动物和妈妈的亲情，也感受到动物妈妈伟大的母爱，小动物非常可爱，我们要保护环境、爱护小动物。 2. 你在平时生活中，感受到妈妈对你的爱了吗？因此，我们要爱护自己的妈妈和家人，在家做力所能及的家务，减轻妈妈的负担		
板书设计	**小动物和妈妈** 方法与步骤：（1）先画前面的小动物 　　　　　　（2）再画妈妈和小动物，注意大小、前后遮挡关系 　　　　　　（3）添加周围环境 　　　　　　（4）涂色		

【教学反思】

本课以浓浓的亲情贯穿整节课，是一节人文教育课。通过情感教育，激发学生情感上的共鸣，引导学生产生保护自然环境、爱护动物和珍惜亲情的情感，提高学生的观察能力、分析能力、表现能力。

（一）创设故事情境，感受亲情

教师创设故事情境导入，《小蝌蚪找妈妈》微视频只有图像、文字和背景音乐，没有声音，师生看视频扮演不同的角色进行对话，学生在表演中既感受到寻找妈妈着急、艰辛的历程，又能感受到其他小动物有妈妈陪伴的甜蜜。当找到妈妈时，小蝌蚪解开了与妈妈长得不一样的疑惑，更体验了有妈妈在身边的愉快生活。本环节既提高了学生的图像识读能力，又培养了学生的语言表达能力。

（二）合作交流，体验亲情

教师引导学生在欣赏过程中小组互相交流。教师提供给学生欣赏的图片非常有感染力，每一张图片都能感受到小动物与妈妈在一起的相亲相爱。如：鸟妈妈喂食鸟宝宝，大象妈妈用鼻子勾着小象在草原上行走，鸭妈妈用宽阔的翅膀护着鸭宝宝，等等。学生在欣赏中感受到小动物和妈妈在一起的浓浓的亲情和快乐心情，更感受到动物妈妈对小动物的爱，体会动物的亲情与人类的亲情。教师启发学生回忆妈妈平时对自己的爱，说说妈妈在生活中对自己的细心照顾和倾心培养，激发学生情感上的共鸣，引导学生产生爱护小动物、爱护自己妈妈的情感。

在欣赏图片环节里，除了体会动物的亲情与人类的亲情外，教师更注重引导学生观察动物的特征，小动物和妈妈的大小对比，在观察与比较中解决了本课的重难点。

（三）美术表现，抒发亲情

学生通过角色扮演、欣赏、情感述说等美术活动，感受浓浓的亲情。学生作业时，教师播放《世上只有妈妈好》的音乐，学生带着愉快的心情，在绘画中抒发情感，真情在绘画作品中体现得淋漓尽致，不但表现出小动物和妈妈的大小对比，更体现了小动物和妈妈在一起的快乐情境。同学们学以致用，用点线色把小动物和妈妈装饰得美美的！

教师通过创设情境，引导学生在观察、比较、分析等美术活动过程中，认识各种动物的形象特征，画出小动物和妈妈的大与小的对比，并表现出小动物和妈妈相亲相爱的情感，形神兼备。这样的课堂设计，可以提高学生的观察、分析、表现能力，培养学生热爱生活、爱护家人的情感。

"有趣的数字" 教学设计与教学反思

课题	有趣的数字	学习领域	设计·应用	课时	1课时
		执教者	张嘉敏	年级	二年级
教材版本	岭南美术出版社出版的义务教育课程标准实验教科书第三册				
教材分析	本课以数字的外形作为联想、发现和创意的依托，教师创设游戏情境，通过师生互动、生生互动，营造愉快的学习氛围，激发学习兴趣。通过欣赏数字、合作探究数字的装饰方法，巧妙、生动地把数字变得更具有趣味性				
学情分析	二年级的学生对绘画有着浓厚的兴趣，他们已具有一定的审美判断能力和造型表现能力，基本能用简单的几何形表现事物。但由于学生的年龄小，想象空间受见识所限制，因此，在绘画时对事物的大胆创新有一定的局限性。对此，需要老师启发、引导学生大胆想象与表现				
教学目标	知识与技能：学生能根据数字的特点进行想象变化与装饰。 过程与方法：通过本课教学，激发学生的想象力，培养创造美的思维方式。 情感态度与价值观：引导学生体会将想象转化为表现有趣的数字				
教学要点	重点：把握数字的特点与学会数字生动化和想象化的装饰方法				
	难点：根据数字的特点进行想象变化				
教学方法	游戏激趣法、讲授法、自主探究法、合作学习法、评价激励法、启发引导法、练习法				
教学准备	PPT课件、数字图片、彩色笔、绘画本、音乐				
教学过程					
教学设计	教师活动		学生活动		设计意图
导入	创设游戏情境"我做你猜"。 1. 师生互动：猜猜我做的动作是什么数字？		1. 老师做动作，学生猜数字。		

教学设计	教师活动	学生活动	设计意图
	教学过程		
导入	2.生生互动：老师做的动作太简单了，你们一下就猜中了，哪位同学来做"小老师"，考考其他同学。 3.小结：一共有10个数字，分别是：1，2，3，4，5，6，7，8，9，0。 4.板书课题：有趣的数字	2.学生做动作，其他同学猜数字。 3.知道所有数字都是由10个数字组成的	创设游戏情境，让全班同学动起来，在师生合作、生生合作中营造愉快的学习氛围，激发学习兴趣
课堂发展	一、欣赏教材图片 思考：这些有趣味的数字与平时写的有什么不一样？ 二、合作学习 小组合作：如何使数字变得有趣和美丽？ （1）美化数字。 （2）展示作品。 （3）评价作品 三、自主探究 欣赏作品，总结方法。 方法：花纹装饰、颜色装饰、改变形状装饰、拟人卡通装饰	1.学生欣赏课本的数字图片，初步感受数字的有趣性。 2.小组合作，探究如何美化数字。 3.欣赏教师提供的数字图片，自主探究装饰数字的方法	1.在欣赏中启发学生的想象力，体会数字的有趣性。 2.在小组合作中学习如何美化数字，感知不足之处，激发求知欲。 3.在欣赏中掌握装饰、美化数字的方法，提高图像识读能力、合作学习能力、美术表现能力
学生作业	教师巡视辅导，及时反馈。（播放轻音乐） 基本要求：画出一个或一组有趣的数字并对它进行装饰。 较高要求：展开联想，根据数字的外形进行拟人化的生动有趣的设计	学生创作	在装饰、美化有趣的数字中培养学生的创新实践能力
展示评价	1.教师引导学生按类别展示作品：色彩美、装饰美、创意美。 2.自评、互评、师评。 （1）你觉得自己的数字有趣在哪里？ （2）你最欣赏哪张作品？为什么？ （3）老师最欣赏某张作品。它用了拟人、夸张的装饰方法设计，太有趣了	1.学生展示作品。 2.自评、互评。 （1）介绍自己的创作构思。 （2）学习优秀作品的方法，提出修改建议	在展示中体验成就感，在评价中交流学习，取长补短，提高学生的审美判断能力

小结拓展	这节课我们会运用花纹、颜色、改变形状、拟人卡通的方法美化数字，希望同学们课后能用这些方法美化和装饰更多事物，把我们的生活装扮得漂漂亮亮的
板书设计	**有趣的数字** 数字：1 2 3 4 5 6 7 8 9 0 方法：花纹装饰、颜色装饰、改变形状装饰、拟人卡通装饰

【教学反思】

小学生对绘画有着浓厚的兴趣，但由于年龄小，想象空间受见识所限制，因此，在绘画时对事物的大胆创新有一定的局限性，还需要教师启发、引导学生大胆想象与表现。本课教师以数字的外形作为联想、发现和创意的依托，通过引导学生欣赏数字、合作探究数字的装饰方法，巧妙、生动地把数字变得更具有趣味性。

（一）创设游戏情境，愉悦课堂

教师创设"我做你猜"数字游戏情境，"猜猜我做的动作是什么数字"。开始是教师用身体摆出数字造型，学生猜数字；然后请"小老师"用身体摆出其他数字的造型，其他同学猜数字；同学们其乐融融，争先恐后地要做"小老师"，猜出数字的同学像抢答一样，第一时间把小手举得高高的，生怕"小老师"没看见他最快猜出数字一样。在师生互动、生生互动的合作中营造愉悦的课堂氛围，调动学生的积极性，激发学习兴趣。

（二）小组合作，激发创造力

教师引导学生自主探究数字的装饰方式，学生通过欣赏、学习课本的数字图片以及小组合作探究如何使数字变得有趣和美丽。通过欣赏数字、合作探究数字的装饰方法，巧妙、生动地把数字变得更具有趣味性，激发学生的想象力和创作力，初步感受数字的有趣性。在小组合作设计的数字展现出来后，学生在评价中看到各自的优缺点。教师问："同学们对自己组的作品满意吗？"所有同学纷纷表示不满意，大家都想把数字设计得更美一些。同学们把期待的目光投向教师，教师顺理成章地带领同学们欣赏有趣的数字图片，在欣赏与比较中掌握装饰、美化数字的方法；解决了本课的重难点，启发了同学们的想象力和创造力；提高了学生的图像识读能力、合作学习能力、美术表现能力。教师采用先学后教的自主学习法，激发了学生的求知欲。

（三）展示与评价，促进成长

教学中的展示与评价环节非常重要。学生在展评中体验成就感，提高审美判断能力。学生完成作业后，教师引导学生按类别展示作品，然后进行自评、互评、师评。学生在自评中介绍自己的创作构思，让其他同学理解设计意图；在互评中交流学习，取长补短；在教师的点评中点燃激情，改进不足，促进学生健康成长。

小学生好奇心强，想象力非常丰富。本课以数字的外形作为联想、发现和创意的依托，教师引导学生根据数字的特点将想象转化为表现，把有趣的数字进行想象变化与装饰。小学生的美术作品展现出他们的天性，表现他们天马行空的想法。通过本课教学，激发学生的想象力，培养他们创造美的思维方式。

"自由的鱼儿"教学设计与教学反思

课题	自由的鱼儿	学习领域	造型·表现	课时	1课时
		执教者	张嘉敏	年级	二年级
教材版本	湖北教育出版社出版的《艺术》义务教育教科书二年级下册				
教材分析	本课是美术与自然科学、音乐等多学科的综合；学习用水墨画形式表现鱼的造型，尝试用不同的墨色表现鱼儿和水草的动感；在音乐、小练笔等集体艺术活动中，引导学生关注生活中的美，享受笔墨的乐趣				
学情分析	从小学二年级第一学期开始，美术课程就安排了中国画教学，这一安排是源于新课标中提出的要"引导学生参与文化的传承和交流"。中国画是中华民族传统文化的重要组成部分，因为中国画是诗、书、画、印的结合，蕴含了中国文化的精髓。我校二年级的学生在第一学期已经开始学习"水墨童年"校本课程，对水墨画有初步的认识和一定的绘画基础				
教学目标	艺术能力目标：学习用水墨表现的形式表现鱼的造型，尝试用不同的墨色表现鱼儿和水草的动感；在音乐、小练笔等集体艺术活动中，引导学生关注生活中的美，享受笔墨的乐趣。 人文素养目标：通过介绍画鱼名家八大山人及欣赏其画鱼作品，体会画鱼可以寄情于鱼；提高学生的美术素养，激活学生对水墨画学习的兴趣，并培养学生的环保意识				
教学要点	重点：用水墨表现鱼的基本方法 难点：体现干湿、浓淡、虚实的变化				
教学方法	启发引导法、演示法、自主研究方法、讨论法、练习法				
教学准备	PPT课件、音乐、画鱼的示范微课、范画、一大一小宣纸、国画工具				

教学过程			
教学设计	教师活动	学生活动	设计意图
导入	创设情境：播放鱼的视频。 师：看视频，鱼儿在水中给你什么感受	1. 观看视频。 2. 感受鱼儿的自由、快乐	感受鱼儿在水中自由自在地遨游的快乐，理解题意
课堂发展	一、小练笔 检查预习情况。（播放《小桥流水》古筝音乐） （1）学生学习课本的方法画一条鱼。 （2）展示与评价作品。 （3）评一评：这张作品有什么地方值得你学习？有什么地方需要改进？ （4）小结：同学们预习很认真，都会运用课本的方法画鱼了。 二、欣赏经典作品 介绍画鱼名家及其作品（出示朱耷肖像）。 （1）介绍八大山人。 我们中国历史上有一位大家公认画鱼画得最好的画家，他就是明末清初的大画家朱耷，他还有一个有趣的雅号叫"八大山人"。 （2）欣赏八大山人的画鱼作品。 师：我们一起来欣赏八大山人的画鱼作品，思考怎样用笔，哪些地方值得学习。 鱼身：外形用中锋线条、淡墨。眼睛用浓墨，鱼身、鱼鳍用侧锋、淡墨。花纹：大大小小的点用浓墨。 （3）齐白石的画鱼作品。 师：我们再欣赏下一张，这条鱼跟刚才那条好像有类似的地方，你能找出来吗？ （引导学生观察鱼的肚子、眼睛等） 小结：用笔和用墨差不多，说明齐白石学习了八大山人的画鱼方法。 师：这两张画又有哪些地方不同	1. 同学们学习课本的方法快速地画一条鱼。 2. 师生、生生互评。 3. 认识画家，欣赏作品，学习画家的用笔、用色	1. 检查预习情况，复习中锋、侧锋的用法以及用色的变化。 2. 在展示与评价中互相学习、互相促进。 3. 通过赏析八大山人和齐白石的画鱼作品，学习八大山人水墨画鱼的用笔用墨技法，介绍八大山人画鱼的特点，感受他画鱼时的心境，使学生认识到画鱼可以寄情于鱼。在欣赏学习中提高学生的图像识读能力和自主学习能力

教学过程			
教学设计	教师活动	学生活动	设计意图
课堂发展	小结：从画面我们感受到齐白石开朗、爱热闹、充满童趣的个性。 三、示范导学 播放微课示范画鱼。 小结：绘画方法与步骤。 （1）中锋淡墨勾勒鱼的轮廓。 （2）中锋浓墨画出鱼的眼睛。 （3）侧锋皴擦鱼身，注意体现墨色的干湿、浓淡、虚实。 （4）侧锋淡墨画出鱼鳍，最后中锋浓墨画出鱼鳍、鱼尾上的条纹。 （5）添加1～2条鱼，画海草。	4. 观看微课示范画鱼，学习绘画步骤与方法	4. 微视频示范，让各个方位的学生都能看清楚用色、用笔的细节变化。学生先看老师画，然后添加第二条鱼、第三条鱼、海草等，逐步完善画作。教学时做到由浅入深、由易到难、循序渐进
学生作业	教师巡视辅导，及时反馈。（播放《小桥流水》古筝音乐） 基本要求：学习八大山人的方法，画一条鱼，适当添上一些漂亮的海草。 较高要求：学习八大山人的方法，画1～3条水墨鱼，适当添上一些漂亮的海草	学生创作作品	在临摹与变化中更好地掌握用笔用色技法，让孩子更好地理解和感受画鱼的水墨画表现方法
展示评价	1. 老师帮助学生张贴好作品。 2. 自评、互评、师评。 （1）介绍你的作品。 （2）你最喜欢哪一张？为什么？ （3）老师欣赏这张作品。它的墨色有浓、淡、干、湿，变化很丰富	1. 展示作品。 2. 自评和互评。 （1）介绍自己的创作构思。 （2）学习优秀作品的方法，提出修改建议	教师引导学生进行评价，鼓励学生自评和他评，相互交流学习，互相促进，学会欣赏别人的闪光点
小结拓展	鱼儿是我们的好朋友，我们要保护环境，给鱼儿一个舒适的家		
板书设计	**自由的鱼儿** 鱼：鱼头、鱼身、鱼尾、鱼鳍 墨色：焦、浓、重、淡、清、干、湿 笔锋：中锋、侧锋		

【教学反思】

新课标要求教师引导学生在广泛的文化情境中认识美术，引领学生参与文化的传承和交流。水墨画教学的重点是让学生了解我国的传统文化，理解水墨画的特性，掌握其表现手法，提高绘画兴趣；将临摹与创作相融合，尽情挥洒笔墨情，体会画鱼可以寄情于鱼，从中享受笔墨的乐趣。

（一）情感教育，培养爱国情怀

用水墨将世间万物的美表现出来，其间还渗透着一个"情"字。课前，教师调动学生情绪，让学生以愉快的心情进入课堂，尝试小练笔，寄情于鱼。在欣赏中感受八大山人、齐白石绘画中的美，并在画鱼时把自己的情感寄托于鱼。学生在绘画中不仅生动地运用不同的笔锋、不同的墨色表现鱼的形象，还处处洋溢着对鱼的爱。八大山人是明末清初画家，他原是明朝王孙，19岁时明朝灭亡。国毁家亡，他悲愤交加，又拒绝与清廷合作，于是出家为僧。所以他画的鱼大多是瞪眼、鼓腹，以示对清廷的不屑；他的画面上通常只画一条鱼，并且都没有水，正体现了他孤独、寂寞的情感。而从齐白石的画鱼作品中我们感受到他是一个开朗、爱热闹、充满童趣的人。学生在水墨绘画中学会寄情于鱼，热爱生活，热爱祖国，热爱祖国的传统文化。

（二）小练笔，培养自主探究能力

课堂是培养学生自主、探究、合作学习的主阵地。课前，教师要求学生自主学习课本里的画鱼方法。上课时，教师运用小练笔检查学生的预习情况，先让学生汇报绘画的方法与步骤，教师简单概括绘画步骤；再让学生学习课本的方法快速地画一条鱼。

通过小练笔，鱼儿的特征在学生脑海中留下更深刻的印象，又复习了中锋、侧锋的用法以及用色的变化，学生对本课的学习内容也有了比较全面的认识和了解，不但让教学变得轻松，更重要的是让学生懂得了如何去学习，体现了新课标的理念。

（三）欣赏经典，巧学技法

虽然水墨画的表现技法有一定的难度，但不能一点都不教给学生，因为水墨画表现材料的特性，如果不掌握一定的技法，画出的水墨画将缺少韵味，导致和儿童水粉画、彩色笔画没有多大区别。对于水墨画的技法，我们不能像对专业学画那样严格要求，因为我们的美术教学不是把所有的学生都培养成艺术家，而是着眼于提升素质的教育，培养学生的审美品位和艺术敏感。

1. 欣赏八大山人的画鱼作品，学习技法

在教学中，教师根据小学生的年龄特点，结合教学内容，按中国画的发展脉络有机地进行欣赏教学，有选择地欣赏一些典型的名家名作，如朱耷（八大山人）的画鱼作品。欣赏时，教师引导学生观察和领悟水墨画创作的表现手法，学生通过赏析八大山人的画鱼作品，体味名家水墨画鱼用笔用墨的技巧，感受他画鱼时的心境。教师从用笔用墨、用情、画面的整体性等方面引导学生欣赏。如师问：八大山人是怎样用笔用墨的？哪些地方值得你学习？生1答：鱼身上的墨色有浓、有淡。生2答：身上是淡墨，花纹是浓墨。师问：我们再欣赏下一张，这条鱼跟刚才那条鱼好像有类似的地方，你能找出来吗？生3答：鱼背上的花纹都是从深到浅。生4答：鱼背用侧锋，鱼头、鱼肚用了中锋。

学生在欣赏中学习了八大山人画鱼的技法，充分地感知到以笔墨线条为主要造型手段，以传神为内核塑造艺术形象，以墨色浓淡为层次，是中国画的一个重要的艺术特色。八大山人运用毛笔、水、墨在宣纸上通过运笔的轻重缓急、抑扬顿挫、方圆粗细、干湿浓淡等不同的处理，去追求酣畅淋漓、婉转、清秀、遒劲的艺术效果。

2. 欣赏齐白石的画鱼作品，灵活运用

八大山人画鱼的方法受到世人的青睐，很多画家都喜欢模仿他画鱼，比如大画家齐白石就非常喜欢八大山人画的鱼，并学习八大山人画鱼。师问：齐白石画的鱼哪些地方学习了八大山人？又有哪些地方不同？生答：齐白石画了三条鱼。师问：从鱼儿的动作看，它们在干什么？生1答：在玩。生2答：跟家人团聚。生3答：很开心！教师要引导学生在学习名家的绘画技能时融入自己的想法，学习要举一反三，灵活运用。

（四）多媒体辅助教学，提高课堂教学的有效性

1. 运用无线传送器展示学生作品，及时反馈与评价，提高课堂教学的有效性

课堂的时间有限，水墨画是用生宣纸画，而生宣纸太薄、易烂，学生刚画好的水墨画作品如果直接拿到讲台上展示，很容易弄烂。因而，教师运用了无线传送器展示学生作品。在小练笔作画过程中，有的学生善于画线，有的学生善于用色，有的学生造型能力强，这些闪光点都可以成为其他学生学习的地方。因而，在展示学生作品、评价学生作品时，教师有目的地选择了有代表性的作品用手机拍下，运用无线传送器展示在投影上，让学生欣赏、评价，还可以直接在手机上修改作品。这样及时反馈与评价，对学生是一种鼓励和鞭策，也是对学生的一种自我教育和提高的练习形式；这样避免了学生在课堂走动的凌乱，也节省了学生走出来张贴作品的时间；同时起到以点带面的效果，提高了课堂教学的有效性。

2. 运用微视频的示范导学，提高课堂教学的有效性

对于学生来说，第一次用水墨画的形式表现鱼有一定难度，所以设计教学时安排让学生先看教师示范画，然后再添加第二条鱼、第三条鱼、海草等，逐步完善画面。教师把示范绘画的过程做成微课，水墨画鱼的关键步骤、用笔用墨的关键点通过微课得以放大。学生的注意力集中，不管坐在哪里的学生都能仔细观察老师的示范过程了，也可以让所有的学生都有信心学好水墨画。教师恰当地使用多媒体手段，为本堂课的目标达成起到事半功倍的作用，从而提高课堂教学的有效性。

"给树爷爷画像"教学设计与教学反思

课题	给树爷爷画像	学习领域	造型·表现	课时	1课时
		执教者	张嘉敏	年级	二年级
教材版本	岭南美术出版社出版的义务教育课程标准实验教科书第三册				
教材分析	树木是大自然赐予人类的礼物，本课通过画树，让学生学会观察、记忆与创作，并让他们从小懂得要保护树木，保护好生态环境。线描是本课的主要内容，主要是让学生掌握线的不同表现方法。教材把树拟人化，适当地对学生进行线性感觉认知的启发，让学生展开联想。教材提供了陈新华的中国画作品《雄风万古》的局部，可引导学生感受作者那优美、概括、生动、细腻、写实的艺术风格，学习国画家如何表现粗糙的树皮质感，如何表现那扭曲与伸展互相穿插的枝杈和那粗细、丰富多变的树皮斑纹，感受画家及同龄人作品的构图和物体质感的形式美				
学情分析	本课的美术教学活动主要体现为线游戏，不过多地讲水墨绘画知识和技能。教学要求主要是使学生通过观察、体验、记忆、想象来表达树爷爷的造型与纹理，以培养学生的观察力、形象记忆力、想象力和创造力。本节课运用"玩线"的水墨游戏，来帮助孩子们了解有变化、有感情的形式美线条，体会线条的美妙和多变，大胆运用水墨的浓淡、粗细来描绘各种各样的线条，创作优秀、个性化的儿童美术作品				
教学目标	知识与技能：运用粗细、疏密的线条表现树的纹理或想象中的树爷爷。 过程与方法：① 在欣赏中感受画家优美、写实、细腻的艺术风格。② 在比较中观察不同的线描效果；能掌握粗细、浓淡的对比画法。 情感态度与价值观：喜欢在游戏中体验水墨画；学会关注和保护生态环境				
教学要点	重点：用水墨画出各种线条来表现大树纹理				
	难点：掌握笔墨的浓淡、粗细变化的大树纹理的个性化表达线条及画面的构图美				

教学方法	情境教学法、启发引导法、讲授法、演示法、合作学习法、自主探究法、练习法		
教学准备	多媒体课件、微课、音乐、毛笔、墨汁、宣纸、笔洗、调色碟等		
教学过程			
教学设计	教师活动	学生活动	设计意图
导入	一、创设情境 1.出示水墨线条，问：老师画了什么？线条有什么变化？用什么工具画的？ 2.教师示范水墨画线条（微课视频）。 二、合作体验 1.小组活动：比赛练习水墨线条，看哪一组画的线条变化最多！ （1）学生评：你觉得哪组画的线条变化最多？你画了哪些线条，是怎样画的？ （2）教师点评与小结。 2.出示课题：给树爷爷画像	1.复习已学过的线条，感受水墨线条的变化。 2.探究与体验水墨线条	1.初步感受水墨线条，了解墨色的浓淡、线条的粗细变化，解决本课难点。 2.通过探究与体验，学生在动脑、动手中获得水墨线条的基本知识，激发学生的学习兴趣
课堂发展	一、自主探究 1.分析树爷爷的外形特点：树根多；树干大、奇特；树枝茂盛；叶子有的多，有的少。 2.引导学生感受树爷爷的纹理特征。 （1）大树爷爷的纹理像什么？ （2）学习画家是如何排列、组织线条表现树爷爷的纹理的。 二、示范导学 微课示范：给树爷爷画像的绘画方法与步骤。 （1）巨大、奇特的树外形。 （2）组织纹理（画出浓淡、粗细有变化的线条）	1.学生观察树爷爷的外形特点和纹理特征，尽情想象，从画家的作品中找找树纹理，感受线条的形式美！ 2.观看微课，学习给树爷爷画像的绘画方法与步骤	1.通过欣赏分析，感知树爷爷的外形特点和纹理特征，以观察树的纹理为重点，突破难点。 2.通过观看微课，自主探究树爷爷的画法，培养孩子仔细观察，认真思考，分析、解决问题的能力

教学设计	教学过程		
	教师活动	学生活动	设计意图
学生作业	老师巡回指导，及时反馈。（播放《琵琶语》古筝音乐） 基本要求：画出心目中树爷爷的外形，并用多种线表现纹理。 较高要求：画出巨大、奇特的树爷爷外形，用浓淡、干湿的墨，粗细有变化的线条或一些基本形来表现纹理	运用水墨线条，画出自己心目中的树爷爷	学生能用浓淡的墨色、粗细有变化的线条表现树爷爷
展示评价	1. 老师帮助学生张贴好作品。 2. 比一比：谁画的线条种类多？谁画的水墨效果丰富	1. 展示作品。 2. 学生上台发表意见	教师鼓励学生自评和他评，提高学生的审美判断能力
小结拓展	播放视频《从化石门森林公园》。 1. 欣赏从化石门森林公园的美景。 2. 学会保护环境，爱护树木，爱家乡从化		
板书设计	**给树爷爷画像** 外形：树枝优美、树叶茂盛 树干：粗、怪 纹理：排列形式美、粗细变化 墨色：浓、淡、干、湿		

【教学反思】

本节课教师不过多地讲水墨绘画知识和技能，而是运用"玩线"的水墨游戏，引导学生大胆运用浓淡的水墨、粗细变化的线条来描绘各种形态的树爷爷，创作优秀、个性化的儿童美术作品。

（一）合作学习，解决重难点

教师运用水墨线条图片引导学生自主、合作探究线条的水墨特点。①看图思考：观察线条有什么变化？②学习教师微视频示范水墨画线条。③小组合作，比赛练习水墨线条，看哪一组画的线条变化最多。④展评：你觉得哪组画的线条变化最多？你画了哪些线条，是怎样画的？学生在动脑、动手中自主探究或合作探究以获得水墨线条的基本知识；初步感受水墨线条，了解墨色的浓淡、线条的粗细变化，解决本课难点，激发学生的学习兴趣。

（二）观察发现，学习形式美

教师根据低年级孩子的年龄特征，在课件中准备了有代表性的图片供学生观察分析树纹理的形式美。学生发现大树爷爷的纹理有的像眼睛，有的像蜗牛的壳，有的像瀑布，有的像蛇，有的像雨线，等等。带领学生欣赏画家陈新华中国画作品《雄风万古》的局部，引导学生感受作者那优美、概括、生动、细腻、写实的艺术风格，学习国画家如何表现粗糙的树皮质感，如何表现那扭曲与伸展互相穿插的枝杈和那粗细、丰富多变的树皮斑纹，如何排列、组织线条表现树爷爷的纹理，感受画家及同龄人作品的构图和物体质感的形式美。学生通过观察、体验、记忆、想象来表达树爷爷的造型与纹理，了解有变化、有感情的形式美线条，体会线条的美妙和多变，以培养学生的观察力、形象记忆力、想象力和创造力。

（三）利用微课示范导学，提高教学效果

新时代的教育，教师常常会借助媒体辅助教学，从而提高教学效率和教学效果。美术教师在同一年级兼教几个班的课，而水墨画的教具繁多，示范与清洗工具会浪费很多时间，因此，课前录制好示范的微视频，多个班可以资源共享。教师制作的示范微视频边示范边讲解，关键步骤、用笔用墨的关键点运用放大、放慢功能，不管坐在哪里的学生都能仔细观察老师的示范过程，全部学生全神贯注地观看老师示范，认真倾听讲解。从学生展示的作品可以看到：100%的学生掌握了基本技法，学生在宣纸上自由挥洒，在画树爷爷的水墨画中表现出干湿浓淡、线条的粗细变化，学习效果非常好。

"大花瓶"教学设计与教学反思

课题	大花瓶	学习领域	设计·应用	课时	1课时
		执教者	张嘉敏	年级	二年级
教材版本	岭南美术出版社出版的义务教育课程标准实验教科书第四册				
教材分析	本课要求运用中国画表现方法设计一幅自己喜爱的青花瓷花瓶；旨在培养学生的设计意识。教学中，教师主要抓住三大内容：一是欣赏青花瓷花瓶，增强民族自豪感；二是学会运用中国画表现方法设计一幅自己喜爱的青花瓷花瓶；三是运用折叠堆成的方法，设计花瓶的造型，培养设计意识				
学情分析	二年级学生思维比较活跃，动手实践的愿望比较强烈，对中国画充满好奇、爱学的情感，但缺乏设计意识。教师要善于借助趣味性教学活动，引导学生发现问题、探究方法，培养学生的设计意识，让学生体验设计花瓶、中国画带来的乐趣				
教学目标	知识与技能：感知中国古陶瓷花瓶造型美、装饰美的特点；学习和分析青花瓷纹饰用笔用色技法，用中国画表现方法装饰一件青花作品。 过程与方法：运用折叠堆成的方法，设计花瓶的造型，尝试用中国画表现方法设计一幅自己喜爱的青花瓷花瓶。 情感态度与价值观：通过本课学习，提高审美和鉴赏能力，培养学生热爱祖国文化和艺术的情感				
教学要点	重点：运用折叠堆成的方法，设计花瓶的造型，学习青花瓷纹饰的用笔用色方法，加强中国水墨画表现技巧 难点：用笔用色的表现方法				
教学方法	情境教学法、启发引导法、讲授法、演示法、合作学习法、自主探究法、练习法				
教学准备	3D沙画动画、微视频、音乐、多媒体课件、花瓶示范作品、国画工具、一张白纸、蓝色油性笔				

教学过程			
教学 设计	教师活动	学生活动	设计意图
导入	创设动漫视频情境。 1.播放画花瓶3D沙画动画。 师：认真观察，视频里画的是什么？ 2.出示课题"大花瓶"（水墨画）	学生观看画花瓶的3D沙画动画	神秘地引出学习主题，提高学生的学习兴趣
课堂 发展	一、合作体验 1.欣赏花瓶实物，了解花瓶的组成部分 花瓶：瓶颈、瓶身、瓶脚。 2.小组合作探究：画一画左右对称的花瓶。 花瓶的特点：左右对称。 二、自主探究 欣赏图片，了解青花瓷花瓶，引导学生从花瓶形状、装饰纹样、色彩等方面感知青花瓷的审美价值。 （1）装饰纹样：动物、人物、花鸟、山水、线条花纹。 （2）色彩：白色的底，蓝色的花。 三、示范导学 组织学生观看教师微课"青花瓷花瓶的示范" 让学生观察用笔和用色。 用笔：中锋、侧锋。 用色：酞青蓝，有浓、有淡	1.了解花瓶的组成部分。 2.小组合作尝试用最快、最简单的方法画一画左右对称的花瓶。 3.学生观察、发现花瓶的形状、色调、装饰纹样，表达自己的观点和感受。 4.观看微课，学习青花瓷用笔用色的表现方法与步骤	1.通过合作探究与体验，学生在动脑、动手中获得审美体验和设计对称的乐趣，激发学生的学习兴趣。 2.通过欣赏分析，感知青花瓷的特点和青花瓷的审美价值，增强民族自豪感和保护文物的情感。 3.通过观看微课，自主探究回答问题，培养学生仔细观察，认真思考，分析、解决问题的能力
学生 作业	老师巡回指导，及时反馈。（播放《琵琶语》古筝轻音乐） 基本要求：能画出左右对称的花瓶，并运用简单的线条装饰花瓶。 较高要求：能画出左右对称的花瓶，并运用多种纹样、不同的笔锋和不同的酞青蓝色调装饰花瓶	学生画酞青蓝花瓶	让学生更好地掌握用笔用色技法，更好地理解和感受青花瓷纹饰的中国画表现方法

续 表

教学设计	教学过程		
	教师活动	学生活动	设计意图
展示评价	1. 老师督促学生张贴好作品。 2. 自评、互评、师评，引导学生从花瓶的造型、用笔用色、花纹等方面感受和评价作品	1. 写上姓名，展示作品。 2. 自评、互评。 （1）介绍自己的创作构思。 （2）学习优秀作品的方法，提出修改建议	教师引导学生进行评价，鼓励学生自评和他评。相互交流学习，互相促进，欣赏别人的闪光点，学会表达自己的意愿
小结拓展	课件展示青花瓷装饰的各种物品。 这节课，我们学会了用青花瓷的方法画大花瓶，课后我们可以把青花瓷装饰运用在裙子、帽子、碟子上，美化生活		
板书设计	<div align="center">大花瓶 花瓶：瓶颈、瓶身、瓶脚 花瓶的特点：左右对称 装饰纹样：动物、人物、花鸟、山水、线条花纹 色彩：白色的底，蓝色的花</div>		

【教学反思】

青花瓷是一朵盛开的奇花，是我国的国粹。它的崛起奠定了中国明清时期在国际制瓷业上的地位。本课的教材参考上要求学生用对称剪纸的方法设计、制作多种形态的大花瓶。教师把学科特色水墨画融入本课，让学生学习用水墨形式表现花瓶的造型，把剪纸课变为水墨课，非常有特色。

（一）创设情境，问题驱动，激发学习兴趣

教师创设动漫视频情境，视频内容是3D沙画动漫画花瓶。提出问题："认真观察，视频里画的是什么？"沙画里的内容不断变化，逐渐过渡到一个花瓶，神秘地引出学习主题。课堂气氛神秘、紧张、有趣，学生全神贯注地观看，不断思考，学习兴趣得以激发。

（二）合作体验，理解花瓶的特点

教师利用花瓶实物，引导学生通过摸一摸、看一看，自主探究花瓶的组成部分。通过小组合作，初步探究并画一画左右对称的花瓶，理解花瓶左右对称的特点。通过欣赏图片，教师引导学生从花瓶形状、装饰纹样、色彩等方面感知青花瓷的审美价值；花瓶的瓶颈、瓶身、瓶脚的变化，决定了花瓶的外形；懂得瓶身装饰的纹样有动物、人物、花鸟、山水、线条花纹，瓶颈和瓶底用二方连续纹样装饰；了解青花瓷花瓶的色彩是白色的底，蓝色的花。学习和分析青花瓷纹饰用笔用色技法，用中国画表现方法装饰一件青花作品，感知中国古陶瓷花瓶造型美、装饰美的特点。

（三）示范导学，突破难点

学生在合作探究画一画左右对称的花瓶时，大多数同学不会运用对折的方法，本课教师利用微视频示范，整个绘画过程一览无余。①花瓶造型的设计：中锋先画一半花瓶，对折后再印着画另一半，画出左右对称的花瓶。②花瓶纹样的设计：瓶颈和瓶底用二方连续纹样装饰，瓶身装饰纹样一般为单独纹样，可以选择动物、人物、花鸟、山水、线条花纹；酞青蓝的色彩要有深浅变化，笔锋也要有变化。学生通过观看微课，学习绘画青花瓷花瓶，培养了仔细观察，认真思考，分析、解决问题的能力。

（四）展示与评价，提高成就感

学生作品的展示与评价最能体现学生的成就感，把课堂气氛推向高潮。教师引导学生进行评价，鼓励学生自评和他评。低年级的学生非常自信，自评时，大步走上讲台，指着自己的"杰作"大声介绍自己的创意。教师引导学生相互交流学习，互相促进；教师的点评尤为重要，既要充分肯定学生的优点，也要指出需要改进的地方，保护学生的自信心，激发学生的学习兴趣。评价让学生学会表达自己的意愿，学会欣赏别人的闪光点，取长补短，共同进步。

（五）学以致用，美化生活

艺术源于生活，并高于生活。这节课，教师引导学生学会了用青花瓷的方法画大花瓶，用自己设计的青花瓷装饰学校或家，我们可以把青花瓷装饰运用在裙子、帽子、碟子上，美化生活。

　　本课是美术与自然科学等多学科的综合。教师运用启发引导法、演示法、自主探究等学习方法，引导学生自主探究、合作学习，设计一个自己喜爱的青花瓷花瓶。通过本课学习，让学生学会关注生活中的美，培养学生热爱生活、热爱祖国文化的情感。

"美妙多变的线条"教学设计与教学反思

课题	美妙多变的线条	学习领域	造型·表现	课时	1课时
		执教者	张嘉敏	年级	二年级
教材版本	岭南美术出版社出版的义务教育课程标准实验教科书第四册				
教材分析	"美妙多变的线条"是岭南美术出版社出版的义务教育课程标准实验教科书小学美术第四册第二单元第3课，本单元是以"人际关系与生活"为主要方向的课程，"点线色你我他"是单元的主题。本单元共四课，均以"人"为媒介，以学生熟悉和客观存在的事物进行联想，诱发学生的想象力。本课的主要内容是认识线条的变化以及线条对人类情感的表现				
学情分析	二年级孩子对线条的种类并不陌生，关注"线"通过视觉产生的情感语言，提高学生对"线"的感受力却是一个难点。本课的美术教学活动主要体现为游戏性，不过多地讲绘画知识和造型原理，教学要求主要是使学生通过观察、体验、记忆、想象来表达自己的生活感受，以培养学生的观察力、形象记忆力、想象力和创造力。本节课运用"玩线"的美术游戏，来帮助孩子们了解有变化、有感情的线条，体会线条的美妙和多变，大胆运用各种各样的线来抒发自己的情感，创作优秀、个性化的儿童美术作品				
教学目标	知识与技能：感知线是绘画语言之一，培养对线的感知与表达能力。 过程与方法：在"玩线"游戏中，观察各种形态的线，欣赏日常生活中的线，激发记忆与发现的兴趣；感受听觉的"线"，触摸不同的线，在创作中体现"线性"的情感。 情感态度与价值观：感受生活中与作品中的线及其美感，提高审美能力；能与同学交流感受；能用审美的眼光观察生活中的线				
教学要点	重点：认识线是绘画语言之一，感受线的多样种类及其组合后的美感，体会线条表现出的情感				
	难点：线性的感受与表达，学会用不同的线表达自己的情感				

教学方法	游戏激趣法、情境教学法、启发引导法、演示法、自主研究法、合作学习法、练习法、讨论法		
教学准备	彩绳、多媒体课件、彩绸、彩色刮纸、木刻笔、音乐		
教学过程			
教学设计	教师活动	学生活动	设计意图
导入	创设游戏情境。 1. 学生两个人合作，玩一玩绕线游戏，启发其去探索线条的变化。 2. 板书：美妙多变的线条	玩一玩"绕线游戏"，编织多种线图形	游戏激趣，触摸感受线条，感知线的变化美，进入课题"美妙多变的线条"
课堂发展	一、回忆感知 在快慢交替的音乐中演示彩绸的变化。（认识两种基本线） （1）请一位同学配合教师上台表演，用舞动的彩绸展示直线和曲线。 （2）归纳板书：直线和曲线。 二、探索情感 1. 线条起舞（播放音乐，教师舞动手上的彩绸随音乐的强弱、快慢变化而变化）。 问：彩绸随音乐有什么变化？ 2. 欣赏生活图片，引导学生寻找生活中的线条。 3. 欣赏课本范画，大师、学生作品，启发学生观察对比线条的不同情感。 4. 欣赏过程中，教师联系线条的种类和组合变化，示范表现情感的线条画。 5. 板书，如线的变化：长短、粗细、曲直、疏密。 三、体验情感 1. 学生连线游戏： 情感语言：自由优美、刚强有力、烦躁不安、冲刺飞快与长短、粗细、曲直、疏密对应连线。 2. 播放微视频毕加索线条动画，学生学习绘画步骤及绘画方法	1. 仔细观察老师与同学的表演和彩绸发生的变化。 2. 体会、感受有情感、有生命的线。 3. 仔细观察、寻找生活中的线条。 4. 欣赏作品，观察、分析、对比线条的不同情感。 5. 体验、感受线条表达的情绪，并以语言表达和画一画不同变化、不同情感的线条。 6. 学习线条画	1. 提高学生的学习兴趣，并考查其对线的了解。 2. 初步感受不同线条具有不同情感。 3. 从艺术作品中线的变化感受作者情感的抒发，感知线条的变化产生的美感。认识到线条的存在使生活变得更加丰富多彩。 4. 感受线条画的乐趣

教学过程			
教学设计	教师活动	学生活动	设计意图
学生作业	老师提出创作要求：用彩色刮纸创作： 第一层：能画出有变化的线条。 第二层：能画出有感情的线条。 第三层：能画出有变化、有情感、有主题的画	创作作品	明确分层创作要求，表现有主题的线条画。 在实际运用中体会线条的魅力。帮助学生突破重难点
展示评价	1. 老师督促学生张贴好作品。 2. 自评、互评、师评。 教师引导学生从情感、变化等方面感受、评价作品	1. 展示作品。 2. 学生上台介绍作品。 3. 发现同学的闪光点，互相学习，取长补短	教师引导学生按照知识点进行评价，鼓励学生自评和他评
小结拓展	1. 师生互动总结归纳。 2. 欣赏线或线材作品，展示线材在生活中的运用，把课堂的线条知识运用到生活中去		
板书设计	**美妙多变的线条** 线条：直线、 曲线 线的变化：长短、粗细、曲直、疏密 绕线游戏 情感语言：自由优美、刚强有力、烦躁不安、冲刺飞快		

【教学反思】

"线"无处不在，生活中处处都有线的装饰美。本节课教师运用"玩线"的美术游戏，学生通过观察、体验、记忆、想象，关注"线"产生的情感语言，了解有生命、有感情的线条，体会线条的美妙和多变，大胆运用各种各样的线来抒发自己的情感，创作优秀、个性化的儿童美术作品。

（一）创设游戏情境，体验"线"的变化

教师创设"绕花绳"游戏情境，让学生触摸感受线条的美妙和多变，感知线的变化美。在游戏前，教师了解到会玩"绕花绳"游戏的同学并不多，只有10多位，很多同学表示不会玩，便请了两位会玩的同学上来玩，其他同学观看。看着这两位同学的小手把绳子在十个手指上绕来绕去，你来我往，花样多多，其他同学蠢蠢欲动。于是，教师让学生同桌合作玩"绕花绳"游戏，一条简单的绳子在同学们的手指上变出美妙多样的造型，有的绕出了"鱼网"，有的绕出了"虾"，有的绕出了"竹子舞"，等等，愉悦了课堂氛围。

（二）自主探究，体验"线"的情感

在课堂上，学生在教师的引导下自主地寻找、发现、记录和分类，通过对范图等进行观察分析，更直观地展示线条的长短、粗细、疏密等变化，引导孩子们体验、感受线条丰富的语言。学生通过线条起舞：教师舞动手上的彩绸随音乐的强弱、快慢变化而变化的情感线条；教师引导学生在欣赏图片中寻找生活中的线条，如城市标志性的建筑物、候机场里的线构成装饰等，感受线在生活中的美妙应用；欣赏课本范画，大师、学生作品，启发学生观察、对比线条的不同情感，感知线条的变化产生的美感，认识到线条的存在使生活变得更加丰富多彩。在连线游戏中，感知线条的自由优美、刚强有力、烦躁不安、冲刺飞快等情感语言，如蜗牛线给人烦躁不安的感觉，直线给人刚强有力的感觉，曲线给人自由优美的感觉，培养学生的观察力、形象记忆力、想象力和创造力。

线的游戏激发了学生的学习兴趣，使学生认识到不同种类的线条能给人带来不同的视觉感受，"线"的认识不再是粗浅和表层的，学生能以语言表达和画一画不同变化、不同情感的线条。鼓励学生将"线"的知识运用到学习上和生活中，美化生活。

"美丽的荷塘"教学设计与教学反思

课题	美丽的荷塘	学习领域	造型·表现	课时	1课时
		执教者	张嘉敏	年级	四年级
教材版本	岭南美术出版社出版的义务教育课程标准实验教科书第七册				
教材分析	本课是美术与自然科学、音乐等多学科的综合。荷花因优雅的风姿、艳丽的色彩、"出淤泥而不染"的高尚情操，成为我国历代诗人和画家喜欢表现的题材。本课是以写意荷花为学习内容的临摹变化练习课，目的是让学生感受大师作品《荷花》的笔墨情趣。在探讨画家写意画的用笔、用墨、用色的过程中，学习画家用水墨表现的形式表现荷花的造型，尝试用不同的墨色表现荷花、荷叶的造型和草的动感；在音乐、小练笔、画荷花等集体艺术活动中享受笔墨的乐趣。引导学生关注生活中的美，以荷花抒发自己对生活的热爱之情，提高审美情趣				
学情分析	从小学二年级第一学期开始，美术课程就安排了中国画教学，这一安排是源于新课标中提出的要"引导学生参与文化的传承和交流"，中国画是中华民族传统文化的重要组成部分，因为中国画体现了诗、书、画、印的结合，蕴含了中国文化的精髓。本学期开学初，我校学生就开始学习水墨画，对水墨画有一定的认识，有一定的绘画基础				
教学目标	知识与技能：掌握荷花题材的水墨画在构图、用笔、用墨等方面的知识与技能。 过程与方法：在观察、欣赏、临摹与变化中，感受水墨画花卉的笔墨情。 情感态度与价值观：培养热爱大自然、热爱生活的健康情感，激发学生热爱民族传统绘画艺术的兴趣				
教学要点	重点：学习水墨画的用笔、用墨来表现荷花				
	难点：掌握用笔、用墨的方法，临摹变化表现荷花				
教学方法	情境教学法、启发引导法、演示法、自主研究法、合作学习法、练习法、讨论法				

教学准备	1. 教具准备：荷花动画、投影仪、多媒体、微课、音乐。 2. 学具准备：小水桶、墨汁、中国画颜料、宣纸、毛笔等		
教学过程			
教学设计	教师活动	学生活动	设计意图
导入	创设水墨荷花动漫视频情境。 1. 思考：画面主题是什么，运用了什么表现形式？（A. 蜡笔画　B. 水粉画　C. 水墨画） 2. 出示课题"美丽的荷塘"	学生观看水墨荷花动漫视频	神秘地引出学习主题，提高学生的学习兴趣
课堂发展	一、欣赏与感受 赏荷花，初步感受荷花。 思考：观察、讨论荷花造型、色彩以及荷叶的形状是怎样的？ 荷花造型：花瓣阔大、瓣头带尖；色彩红、白。 荷叶：圆盘形。 二、合作体验荷花的造型 画荷花：简笔画画荷花、评荷花。 （1）修改你预习时画的荷花，然后每组选3张优秀作品出来展示。 （2）展示、评价。 三、自主探究水墨荷花方法 欣赏画家写意作品，感受画家色彩单纯明快的美，体会中国画写意技法表现大自然的植物。 问：画家是如何用笔、用墨、用色的？ 生：汇报。 小结：画家们用中锋画的荷花如此优雅、美丽，侧锋画的荷叶是那么的潇洒、自然、大气。 四、示范导学 组织学生观看微课示范，学习怎样用笔、用色	1. 学生观察、发现、了解荷花的造型与色彩，表达自己的观点和感受。 2. 修改预习时画的荷花，然后展示、评价；进一步了解荷花、荷叶的形状。 3. 探讨画家写意的用笔、用墨、用色，感受画家以荷花抒发自己对生活的热爱之情，提高审美情趣	1. 通过欣赏、分析，感知荷花的特点和审美价值，培养热爱大自然、热爱生活的健康情感，激发学生热爱民族传统绘画艺术的兴趣。 2. 学生在动脑、动手中获得审美体验和画荷花的乐趣，激发学生的学习兴趣。 3. 在观察、欣赏中感受水墨画花卉的笔墨情

教学过程			
教学设计	教师活动	学生活动	设计意图
课堂发展	（1）总结绘画方法及步骤： 荷叶：侧锋、泼墨法，墨的干、湿、浓、淡变化。 荷花：色彩干净，笔尖到笔根色的渐变。 茎：中锋，墨的干、湿都可以。 叶脉：浓破淡方法，等叶子快干时用中锋、浓墨勾叶脉，浓墨点茎上的小刺。 题字：中国画讲究诗书画印相结合，写上荷花相关的诗句、时间、作者。 （2）反馈：同学们，明白怎样画了吗	4. 观看微课，学习水墨画的用笔、用墨来表现荷花的方法与步骤	4. 通过观看微课，自主探究回答问题，培养学生仔细观察，认真思考，分析、解决问题的能力
学生作业	教师巡视辅导，及时反馈。（播放《琵琶语》古筝音乐） 基本要求：学习写意画方法，临摹画家的荷花。 较高要求：学习写意画方法，创作一幅美丽的荷塘水墨画	创作作品	在临摹与变化中，更好地掌握用笔用色技法，更好地理解和感受荷花的中国画表现方法
展示评价	1. 老师督促全班同学展示作品。 2. 自评、互评、师评。 引导学生从用笔用色方法进行评价	1. 学生展示作品。 2. 互相评价，取长补短	教师引导学生进行评价，鼓励学生自评和他评
小结拓展	1. 教师总结今天的学习内容，表扬大胆尝试的作品。 2. 学习用水墨画荷花装扮生活，学习荷花优雅的风姿、艳丽的色彩、"出淤泥而不染"的高尚情操。 3. 荷花那么美，我们平时一定要保护环境，不可随便扔垃圾，不要污染水源，更不可摘荷花。这样，荷花在我们的生活中永远都是一道美丽的风景线		
板书设计	**美丽的荷塘** 荷花：花瓣阔大、瓣头带尖；色彩：红、白 荷叶：圆盘形 绘画方法及步骤： 荷叶：侧锋、泼墨法，墨的干、湿、浓、淡变化 荷花：色彩干净，笔尖到笔根色的渐变 茎：中锋，墨的干、湿都可以 叶脉：浓破淡方法，中锋、浓墨，浓墨点茎上的小刺 题字：诗句、时间、作者		

【教学反思】

本课是以写意荷花为学习内容的临摹变化练习课，教师引导学生感受齐白石大师作品《荷花》和张大千画荷作品的笔墨情趣，在探讨画家写意画的用笔、用墨、用色的过程中，学习画家用水墨表现的形式表现荷花的造型，尝试用不同的墨色表现荷花、荷叶的造型和草的动感；引导学生关注生活中的美，以荷花抒发自己对生活的热爱之情，提高审美情趣。

（一）创设情境，培养热爱大自然情感

教师播放水墨荷花动漫视频情境，引出学习主题，带领学生走近荷塘，欣赏美丽的荷花。学生认真观察，了解荷花的造型与色彩：荷花的造型是花瓣阔大、瓣头带尖；色彩有红色的、白色的、粉红色的等。正面的叶子形状是圆盘形，朝上的叶子像三角形，半开的叶子是椭圆形。学生通过欣赏分析，感知荷花的美丽形态，培养热爱大自然、热爱生活的健康情感。

（二）自主探究经典名画，学习水墨技巧

本节课，教师引导学生感受齐白石大师作品《荷花》和张大千画荷作品的笔墨情趣。师生在欣赏画家的作品中，自主探究出画荷叶用侧锋、泼墨法以及墨的干、湿、浓、淡变化；画荷花的色彩干净，笔尖到笔根色的渐变；画茎用中锋，墨的干、湿都可以；画叶脉用浓破淡方法，等叶子快干时用中锋、浓墨勾叶脉，浓墨点茎上的小刺。学生们学习画家以荷花抒发自己对生活的热爱之情，激发学生热爱民族传统绘画艺术的兴趣，在欣赏分析中提高学生的观察能力和审美判断能力。

（三）巧利用，大效果

本课的亮点是学生的画纸，教师提供圆形软卡生宣纸给学生作画，学生如获至宝。学生学习齐白石画荷花的水墨技能，作画非常认真。一朵朵出淤泥而不染的荷花绽放在画纸上的荷塘中，有全开的、有半开的、有含苞欲放的，有红的、有黄的、有粉红的，一朵朵荷花仿佛在荷塘上争艳，美丽极了！展板上的荷花在软卡的装饰上更精美！

（四）存在的不足

（1）在本节课的教学中，教师的引导不够，学生发言不够大胆。

（2）从学生作业反映的情况来看，学生能表达一定的主题和情感，但用笔较单一，叶子的墨色不够丰富，说明学生运用绘画语言的能力不够，在今后的教学中需加以改进。

"模仿画家画一画"教学设计与教学反思

课题	模仿画家画一画	学习领域	造型·表现	课时	1课时
		执教者	张嘉敏	年级	四年级
教材 版本	岭南美术出版社出版的义务教育课程标准实验教科书第八册				
教材 分析	本课分为四部分，分别进行以下内容的欣赏与分析：外国现代画家的画、中国古今画家的画、毕加索的人物头像画、学生作品。画家原作与学生临摹、修改作品进行比较，在学生欣赏、感受画家作品的基础上，带领他们走进画家艺术作品的世界，选择自己感兴趣的、最喜欢的部分进行模仿，学习画家的经验，并在模仿的基础上大胆地联想，尽情地表现				
学情 分析	四年级的学生有一定的绘画基础，第九课学习了"变写生画为装饰画"，初步了解了毕加索的艺术特点。本课教学引导学生感受大师作品的不同美感，了解他们不同的表现方式，并通过小组讨论、合作完成学案，进一步总结毕加索人物头像的绘画风格；引导学生分析他最感兴趣的是毕加索人物头像作品的什么地方，改后画面与画家作品有什么联系。在临摹的基础上，鼓励学生自由地、大胆地联想，进行再创造				
教学 目标	知识与技能：学习欣赏画家的作品，理解画面的色彩美、造型美、艺术美。 过程与方法：学习毕加索人物头像作品中内容、色彩、造型的处理方法。 情感态度与价值观：提高学生的欣赏能力和表现能力，发挥自己的创造力，肯定自我				
教学 要点	重点：毕加索人物头像作品的色彩美、造型美、艺术美 难点：在毕加索人物头像作品的基础上画出自己的联想				
教学 方法	问题启发法、自主学习法、探究学习法、合作学习法、讨论法、联想学习法、练习法				
教学 准备	多媒体课件、微课、音乐、学案、油画棒、马克笔、毕加索的画集、学生作品				

教学过程			
教学设计	教师活动	学生活动	设计意图
导入	问题导向 1.出示课题"模仿画家画一画"，问：什么叫模仿？ 2.学生理解学习目标：尝试模仿画家作品中你最感兴趣的部分，并画出你的联想	理解课题与学习目标	学生理解本课的学习任务。让学生带着问题和目标进行本课学习
课堂发展	一、模仿的方法 1.出示达·芬奇与博特罗的《蒙娜丽莎》，说说这两幅画给你的感受。 思考：分析学生模仿的作品，模仿了哪些部分，有哪些联想？ 2.《韩熙载夜宴图》是现存最杰出的中国古代人物画之一，作品生动细腻地表现了夜宴欢庆的人们。 （1）这两位同学分别抓住画家的哪一部分模仿？（内容、色彩、造型） （2）哪些地方画出了联想？ 3.欣赏作品《猴》，思考：学生作品是怎样模仿的？ 二、毕加索的人物头像画 （1）简单介绍毕加索的生平。 （2）欣赏毕加索的人物头像作品。 （3）小组交流合作。 学生讨论并完成学案：毕加索的人物头像绘画风格是怎样的？ 小组汇报：组长把关键词写在黑板上。 三、自主学习 （1）微视频：毕加索的创作过程。 （2）谈一谈：看完毕加索的创作过程，给你什么启发？ （3）如果你模仿他的人物头像画，会保留什么特点，有哪些联想	1.学生欣赏名画，自主探究这两幅画的不同表现风格，并能表达自己的感受。 2.学习模仿画家作品时，造型不变，感受色彩、线条、内容的变化。 3.欣赏与学习毕加索的人物头像绘画风格，总结其造型与色彩的特点。 4.小组讨论，合作完成学案。 5.观看毕加索创作过程的微视频。 6.欣赏其他学生的作品，学习如何模仿画家的画	1.学生学会欣赏、学会分析，培养审美能力与表达能力。 2.学生在模仿中，造型不变，改变了形象；选择感兴趣的部分，从色彩、线条、内容上加以联想。 3.小组在合作交流中增进友谊，增强集体观念。 4.欣赏毕加索创作过程的微视频，学习毕加索在创作过程中思维的不断变化，使画面更丰富、更完善。 5.欣赏其他学生的作品，启发联想

教学过程			
教学设计	教师活动	学生活动	设计意图
课堂发展	欣赏同龄人模仿毕加索人物头像画作品，启发联想		
学生作业	教师巡视辅导，及时反馈。（播放舒缓钢琴曲） 基本要求：尝试模仿毕加索作品中你最感兴趣的部分。 较高要求：尝试模仿毕加索作品中你最感兴趣的部分，并画出你的联想。 最高要求：模仿毕加索的绘画风格，创作一幅人物头像画。 欣赏学生作品，分析：他们模仿了哪些部分，有哪些联想	学生根据自己的能力，选择作业	作业分层次，让学生根据自己的实际情况选择，让学生的能力得到充分发挥。 欣赏同龄人作品，启发学生思维
展示评价	1. 按造型奖、色彩奖、创意奖分类展示。 2. 评价作品。 （1）你最喜欢哪张作品，欣赏它的什么？ （2）老师最喜欢这张作品。这是谁创作的？你能说说你是怎样想出来的吗	1. 学生按自己的创作效果，分类作品并贴在黑板上。 2. 自评、互评，学会表达、分析与聆听	学会分析，欣赏自我，欣赏别人的亮点，能用语言表达自己的意愿
小结拓展	推荐《毕加索的自由的创作》这本书给学生阅读。欣赏毕加索不同时期的作品，拓宽视野，提高审美能力，丰富课外知识		
板书设计	**模仿画家画一画** 毕加索的人物头像特点：　　　　造型：不变 造型：变形、夸张、抽象　　　色彩：可变 色彩：丰富、对比强烈　　　　内容：感兴趣、联想		

【教学反思】

本课的教学目标是学习毕加索人物头像作品的色彩美、造型美、艺术美，延续了刚刚学习的第九课"变写生画为装饰画"，第九课初步介绍了毕加索的艺术特点。本课教学过程中，教师引导学生通过观察比较、自主探究、小组合作等学习方式，在临摹的基础上，鼓励学生自由地、大胆地联想与创造。

（一）问题驱动，激发学习积极性

很多学生都喜欢玩闯关游戏，享受在游戏中闯关成功的快乐。教师一开始提出问题："什么叫模仿？"让学生带着问题和目标进行本课学习，激发学生的积极性。

（二）自主探究，培养学习能力

教师不仅要传授知识，更重要的是要培养学生的学习能力，为将来的学习奠定基础。本课教师设计了三个自主探究活动，探究一包括达·芬奇与博特罗的《蒙娜丽莎》这两幅画给学生的感受，《韩熙载夜宴图》分别抓住画家的哪一部分模仿，学生作品《猴》是怎样模仿的。从探究一的对比与分析中，学生自主探究出原作与临摹画不同的表现风格，并能表达自己的感受；模仿画家作品时，一般造型不变，感受色彩、线条、内容的变化。学生学会欣赏、学会分析，培养审美能力、表达能力和自主学习能力。

探究二的主要内容是欣赏毕加索的人物头像画，探索毕加索的人物头像绘画风格。这一环节是小组合作、自主探究学习，先欣赏毕加索的人物头像作品，然后小组谈论，完成学案，总结毕加索的人物头像绘画风格与色彩的特点。完成后，教师请一位小组长把关键词写在黑板上，其他小组做补充或修改。小组在合作交流中增进友谊，增强集体观念。毕加索的作品给学生带来很大的感触，学生一直很怕画人物，怕画不像、画不好，毕加索的抽象派风格让学生打开了心门——夸张、变形、抽象更具艺术性。

探究三主要是探讨毕加索的创作过程带给学生的启发。这一环节尤为关键，给学生以很大的启发。毕加索在创作过程中思维的不断变化，使画面更丰富、更完善。学生懂得画画没有对与错，只要大胆想象，大胆创作，每一条线、每一个图形都可以变成更有创意的艺术品。

（三）树立榜样，引领健康成长

教书育人，以人为本。每个孩子心中都会有偶像，是孩子长大后想要成为的那个人。教师要引领孩子健康成长，就要在学生心中种下一颗善果，让它萌芽、茁壮成长！通过上节课和这节课的学习，学生在展示的作品中看到了学习毕加索的成果，作品造型更大胆，色彩更鲜艳，毕加索成为很多孩子的偶像。教师在延伸部分推荐《毕加索的自由的创作》这本书，让学生欣赏毕加索不同时期的作品，拓宽视野，提高审美能力，丰富课外知识。

本节课，教师让学生单一地临摹毕加索的人物头像画，既有利也有弊。利是学生不惧怕画人物了，作画更大胆、更有个性了。弊是限制了学生临摹其他画家的作品，作品比较单一。如果再增加一课时，让学生自由选择自己喜欢的画家的作品临摹，呈现的作品会更丰富。

"写意花卉" 教学设计与教学反思

课题	写意花卉	学习领域	造型·表现	课时	1课时
		执教者	张嘉敏	年级	六年级
教材版本	岭南美术出版社出版的义务教育课程标准实验教科书第十一册				
教材分析	学生在前一章学习了中国画的笔墨情趣,也学习了中国画的用笔、用墨。作为用笔、用墨进一步实践的基础,本课除包含中国写意画的概念阐述以外,着重讲解写意花卉的特点,学习描绘花、叶、茎的初步技能,体验临摹方法、步骤,掌握用笔、用墨、用色的初步技巧,培养学生在观察、表现事物时形成一丝不苟、胆大心细的态度和作风。这些内容包含中国画笔墨技法等最基本的中国画知识				
学情分析	六年级的学生经过了5年的美术学习,对美术的了解也相对较多,大多已经积累了比较丰富的知识和经验。因此,这节课着重运用示范讲解法让学生初步了解大、小写意的基本画法,能运用写意画的方法表现喜欢的花卉				
教学目标	知识与技能:初步了解写意花卉的基本特点与方法,能够运用写意的技法表现花卉。 过程与方法:通过欣赏写意花卉的作品,了解花卉的特点与写意笔墨的使用,在练习中掌握花卉的写意技法,提高笔墨表现能力。 情感态度与价值观:在体验美术活动乐趣的过程中,感受中国写意绘画的意境与趣味,养成对中国画的热爱				
教学要点	重点:用写意技法表现花卉的技法 难点:能把握笔、墨、色的运用,表现花卉达到形与神的统一				
教学方法	情境引入法、问题启发法、自主学习法、探究学习法、合作学习法、讨论法、练习法				
教学准备	花海视频、微视频、音乐、多媒体课件、示范作品、国画工具				

续 表

教学过程			
教学设计	教师活动	学生活动	设计意图
导入	创设情境。 1. 播放花海视频，欣赏不同的花朵，感受花的美。 2. 说一说：向同桌介绍你喜欢的花卉？ 3. 揭示课题：写意花卉（水墨画）	1. 学生欣赏花海视频。 2. 介绍自己喜欢的花卉	赏花、说花，在回忆中加强感官刺激，激发学习兴趣
课堂发展	一、自主探究，写意画方法 比一比：出示两张写意花卉作品图片，思考两张写意花卉作品表现手法有什么不同。（小写意：形神兼备。大写意：夸张豪放，神采为上。） 二、体验练习 1. 画一画：用写意的方式画一朵你喜欢的花。 2. 展一展：每小组选一张优秀作品展示出来。 3. 评一评：你喜欢哪张作品？为什么？ 三、示范导学 学一学：怎样画？ 1. 请学生示范。 （1）师：展示作品中，我们发现某同学画得非常棒，某同学可以教教同学们吗？ （2）学生示范。 2. 看微课示范另一种方法（如果学生示范小写意，微课就播放大写意）。 四、名画欣赏 1. 出示长卷写意花卉作品。 问：这些作品有什么特点？画家画的花卉是如何构图、用笔用墨的？ 特点：长卷！借花抒情，意境美，诗书画印相结合。 构图：留白、疏密变化	1. 学生观察、分析花卉，理解小写意、大写意的表现手法。 2. 用写意的方式画一朵喜欢的花。 3. 展示、评价作品。 4. 学习写意花卉方法。 5. 欣赏经典名画，学习构图、笔墨的技能	1. 学生通过自主观察、分析，掌握小写意、大写意的表现手法，提高分析能力。 2. 通过画，加深掌握写意画方法，提高文化理解能力。 3. 通过展示、评价，了解自己对知识的掌握度，互相学习，取长补短。 4. 同伴示范引领，更具有吸引力；老师的示范，让学生更佩服老师的专业能力。通过先学后教的方法，培养学生的自主学习能力。 5. 在欣赏中进一步加强写意画的学习，提高学生的图像识读能力和文化理解能力

教学过程			
教学 设计	教师活动	学生活动	设计意图
课堂 发展	笔墨：以线造型，笔墨变化。 五、合作学习 小组讨论。 问题一：如何完成一幅长卷？ 问题二：画什么花（一种，多种）？如何 表现（有骨，无骨，多用）？ 问题三：如何构图（花、题目、落款）？ 六、欣赏画家作品，同时对画家略做介绍	6. 小组讨论怎样完 成一幅长卷画，并 具体分工，落实人 人参与	6. 在讨论、分工中 学会解决问题，生 生互动，全面参 与。培养学生解决 问题的能力和与人 合作的能力
学生 作业	教师巡视辅导，及时反馈。（播放《琵琶 语》古筝音乐） 基本要求：以长卷的表现方式，四人小组 合作完成一幅写意花卉作品。 较高要求：以长卷的表现方式，四人小组 合作，运用渐变的色彩，浓、淡的墨色完 成一幅写意花卉作品	小组合作完成一幅 长卷画	在合作中充分发挥 个人特长，彰显自 己，实现自己的创 意，从而提高学生 的美术表现力
展示 评价	1. 引导学生展示作品。 2. 自评、互评、点评 （1）介绍你们组画得最好的地方，是如 何做到的。 （2）你最喜欢哪一组的作品？欣赏哪些 方面？ （3）老师表扬某组同学，他们的长卷画 整体布局好，小组团结合作	1. 学生展示作品。 2. 自评、互评，学 会表达、分析与 聆听	学会分析、赏析、 表述，欣赏自我， 欣赏别人的亮点， 能用语言表达自己 的意愿
小结 拓展	1. 同学们能用写意的表现方式表现喜欢的花卉，真棒！花美化我们的生活，我们要 保护环境，不采摘花朵。 2. 欣赏中国画工笔花卉，学习花卉不一样的表现手法		
板书 设计	**写意花卉** 小写意：形神兼备 大写意：夸张豪放，神采为上 特点：长卷！借花抒情，意境美，诗书画印相结合 构图：留白、疏密变化 笔墨：以线造型，笔墨变化		

【教学反思】

"写意花卉"属于"造型·表现"领域。本课以"教与学方式的转变"为核心教育理念，让学生以多种学习方式参与美术活动，愉悦、自由地抒发情感，表达个性和创意，增强自信心，养成健康人格。本课的学习目标是了解写意花卉的表现特点，初步学会写意花卉的绘画技巧及笔、墨的表现方法；本课的教学重点和难点是表现花卉达到形与神的统一。学生通过对花卉的回忆、观察、分析、表现，感受、体验写意花卉的美感及笔墨情趣。通过欣赏画家的花卉作品，感受画家寄情于花的非凡创新能力，同时培养学生热爱中国传统文化的情感。

（一）营造氛围，愉悦实践

美术课程强调愉悦性。本节课，在学生欣赏大师绘画作品的过程中，教师配上古典音乐，营造轻松的学习氛围，引导学生自主实践。学生在传统文化古韵中愉悦地感悟画家的人品修养，熏陶道德情操，培养审美情趣；学生在经典音乐的氛围中，更积极、愉悦地学习传统写意画的技能技巧。六年级学生在一节课的时间内不可能掌握很高的笔墨技能，小组能比较完整地表现出略有笔墨变化的长卷画作品已经相当不错了，稚嫩拙朴的笔墨更是一种真实生动的表现，充满着童趣与美感。

（二）自主探究，获得新知

学生是学习的主体。在本课的教学过程中，充分体现以人为本，为学生创设一种良好的自主探究学习情境，让学生带着问题—主动探究—欣赏学习—进行实践—反思评价—总结经验，探究写意花卉的方法与步骤。

学生自主探究过程主要有以下内容：①何为小写意，何为大写意。②学生尝试自主实践写意花卉。③学生做小老师示范写意花卉。④小组讨论如何完成一幅长卷画，并小组合作完成作业。⑤学生自我评价与他评结合，进行交流学习，总结经验。这样可以充分发挥学生的主体作用，让学生自主探究，获得新知。

（三）示范导学，掌握技法

在教学中，通过"小老师"的示范和教师的微课视频示范，使学生对"小老师"和教师产生崇拜，使学生对写意花卉产生兴趣。我校学生从二年级就开始学习水墨画，通过几年的学习，高年级有很多学生的水墨画画得很好，但高年级的学生比较腼腆，很多同学不主动出来示范，因此教师的鼓励非常重要。学生体验用写意的方法画一朵自己喜欢的花，画完后展示和评价，然后教师鼓励画得好的同学上台示范。教师选了一张画得比较好的作品问："我们发现这张画画得非常棒，是哪位同学的作品？你可以教教同学们吗？"这位同学自豪地走到投影仪前做示范。学生示范完了，教师再播放微课的另一种写意画法给学生学习，让学生在欣赏、观察、思考中较好地掌握绘画技巧。

（四）合作学习，彰显个性

本课的亮点是作品的呈现，作品是四人小组通过讨论、分工合作完成的一幅长四尺、宽半尺的长卷画。四人小组合作的作品有的只是画荷花，有的画美化，有的分场景画，有的分花种画，各具特色。小组合作学习培养了学生解决问题的能力和与人合作的能力。

总之，本课以"教与学方式的转变"为核心教育理念，充分尊重学生学习的自主性，让学生自主提出问题、发现问题、解决问题，并通过生生互动、师生互动等教学方式，让学生以多种学习方式参与美术活动，愉悦、自由地抒发情感，表达个性和创意，增强自信心，养成健康人格。